John R. McCollins

DIE LICHTREIHE

Der Weg zu den goldenen Toren

Zweites Buch zu: ‚Der Weg zur Liebe und zum wahren Licht'

Impressum:

John R. McCollins
c/o Fakriro GbR / Impressumservice
Bodenfeldstr. 9
91438 Bad Windsheim

Fotos, Grafiken, Gestaltung, Umschlag und Satz: Autor

ISBN: 978-3-759228-45-1
Preis: 19,99 €
Dieses Buch ist auch als E-Book erhältlich:
ISBN E-Book: 978-3-759228-44-4

Herstellung und Druck über tolino media GmbH & Co. KG, Albrechtstr. 14, 80636 München. Printed in Germany.
Fragen zu Produktsicherheit an: gpsr@tolino.media.

Der Leitgedanke:

„Der Weg zu den golden leuchtenden Toren ist der wahrhaftige und einzige Weg zur Befreiung des Menschen und der gesamten Menschheit“

„Wir sind einer für den anderen Pilger, die auf verschiedenen Wegen einem gemeinsamen Treffpunkt zuwandern.“
Antoine de Saint-Exupéry

Anstelle eines Vorwortes:

Das Ihnen vorliegende Buch ist keine wissenschaftliche Abhandlung.
Es erhebt weder einen Anspruch auf Vollständigkeit, noch Allgemeingültigkeit und auch keinen Anspruch auf die absolute Wahrheit oder Anwendbarkeit.
Ein jeder Leser sollte dieses Buch mit denkendem und kritischem Verstand lesen und prüfen, ob die hier gegebenen Hinweise und Wege für ihn umsetzbar und nützlich sind.
Der Verfasser.

Inhaltsverzeichnis

Einführung

„Wer werden will,
was er sein sollte,
der muss lassen, was er jetzt ist.“

Meister Eckhart [1]

[1] Meister Eckhart – vermutlich um 1260 bis 1327 a.D. (siehe auch Anhang)

Zum Verständnis dieses zweiten Buches

Das vorliegende Buch wendet sich an denjenigen, der, meist ahnend noch, zu erkennen beginnt, dass HINTER all den Dingen unserer sinnlich-erkennbaren Welt deren WAHRE Ursachen verborgen bleiben und sich so für uns nicht offenbaren werden.

„So ist das Wesentliche einer Kerze nicht das Wachs, das seine Spuren hinterlässt, sondern das Licht.“
Antoine de Saint-Exupéry[2]

Der Verfasser bietet dem Leser seine Hand auf DESSEN Weg zur bewussten Erkenntnis all dieser, oft noch unbewusst erkannten, Ursachen und Wirkungen. Er möchte dem Leser dabei helfen, die Zusammenhänge und Hintergründe, der uns im rein sinnlichen Wahrnehmen verborgen bleibenden Dinge, zu sehen und deren Wechselwirkungen klar und bewusst zu erkennen.

Dieses **zweite Buch** wendet sich somit an denjenigen, der zu erkennen beginnt, dass HINTER all den Dingen unserer sinnlich-erkennbaren Welt höhere Kräfte und höhere Zusammenhänge wirken MÜSSEN. Dass sich die URSACHEN dieser Erscheinungen, die wir mit unseren sechs Sinnen in der uns scheinbar so vertrauten ‚Sinneswelt‘ wahrzunehmen glauben, eben nicht mehr IN und MIT den bisher unser Denken, Fühlen und Handeln bestimmenden ‚sinnlich-materialistischen Sichtweisen‘ deuten und erklären lassen.
Wenn Sie jetzt diesen zweiten Band, den zweiten Teil des Buches ‚Der Weg zur Liebe und zum wahren Licht‘ von John R. McCollins in den Händen halten, haben sie bereits im ersten Buch gelernt, alle

---

[2] Antoine de Saint-Exupéry 1900 bis 1944 (siehe auch Anhang)

in uns bisher vertretenen negativen Gefühle und Denkweisen zu überwinden. Sie haben sich frei gemacht von Wut, Hass und Angst, den Gefühlen der ‚Aggressionsgruppe'. Sie haben gelernt, ‚Die Spreu vom Weizen zu trennen' [3] und ruhen in sich selbst. Sie verbleiben stets, einem schweren Pendel gleich, welches sich selbst im stärksten Sturmwind nur ganz leicht hin- und her bewegt, an dem Ihnen vom Universum zugedachten Platz. An diesem für Sie von nun an heiligen Platz. Dem einzigen Platz im Universum, an dem Sie den Himmel mit der Hand erreichen können. Sie haben sich frei gemacht von allen Wünschen und Begierden, der Gier und der Habsucht und der Gleichgültigkeit.

„Größe entsteht zunächst – und immer – aus einem Ziel, das außerhalb des eigenen Ichs gelegen ist."
Antoine de Saint-Exupéry

Sie haben gelernt, Manipulationen sicher zu erkennen und sich diesen BEWUSST zu entziehen. Sie haben ihre wahre und wahrhaftige Empathie und Nächstenliebe gestärkt und behüten die Liebe, die Wahrheit und das wahre Licht in Ihrem Herzen, in Ihrer Seele und in Ihrem Geist.

Der erste Schritt ist somit vollbracht, um unser Denken und Fühlen aus der Dunkelheit zu befreien. Wir haben uns auf den Weg zur Liebe, zur Wahrheit und dem wahren Licht begeben und schreiten jeden Tag stetig auf diesem Weg ein kleines Stück voran. Voran und weiter auf die, in der Ferne jetzt schon deutlich wahrzunehmenden, golden leuchtenden Tore mit der Aufschrift ‚Ziel Deines Lebens' zu.

---

[3] „Die Spreu vom Weizen trennen" – Deutsches Sprichwort

Wir müssen uns jedoch dabei jeden einzelnen Tag, jede Stunde und jeden Atemzug absolut klar darüber sein, dass wir NIEMALS etwas, worauf wir uns noch nicht ausreichend vorbereitet haben oder worauf wir uns einfach nur noch nicht ausreichend vorbereiten KONNTEN, mit unserem freien Willen für uns erzwingen dürfen. Dies würde, wie wir bereits aus dem ersten Teil wissen, nichts anderes als die uns nun schon bekannten ‚Streichhölzer in Kinderhand' sein. Wir müssen stets reif und bereit für diese weiteren Gaben des Universums sein. Nur dann können sie uns auch auf unserem weiteren Weg bis hin zu den golden leuchtenden Toren hilfreich und nützlich werden. Jedes zu frühe und scheinbar noch so ‚faszinierende Geschenk' der ‚dunklen Lichtbringer' [4] kehrt die erhoffte gute und erhoffte positive Wirkung dieser, zu diesem frühen Zeitpunkt mehr als zweifelhaften, Gaben in das komplette Gegenteil um.
Falls Sie das erste Buch jedoch noch nicht oder auch nur noch nicht vollständig gelesen und vor allem die darin enthaltenen und für Sie nützlichen Dinge noch nicht konsequent umgesetzt haben, sollten Sie dieses zweite Buch noch etwas für sich zurückstellen. Arbeiten Sie in diesem Fall bitte noch den gesamten für Sie nutzbringenden Teil des ersten Buches in ALLER RUHE für sich durch. :-)

„Wenn man eine Eiche pflanzt, darf man nicht die Hoffnung hegen, nächstens in ihrem Schatten zu ruhen"
Antoine de Saint-Exupéry

---

[4] Der Verfasser bezieht sich auf das Kapitel ‚Vom wahren Licht in der Dunkelheit dieses Tages' aus dem Buch – ‚John R. McCollins – Der Weg zur Liebe und zum wahren Licht' (Erster Band des Ihnen gerade vorliegenden Buches)

Bereits Buddha lehrt uns, dass es besser ist, einen Wunsch in uns solange zurückzustellen, bis wir dazu vollständig bereit sind.

Schreiten Sie daher NIEMALS auf Ihrem Weg weiter voran, wenn Sie noch nicht VOLLSTÄNDIG dazu bereit sind und alle dunklen Gefühle in Ihnen auch VOLLSTÄNDIG und NACHHALTIG überwunden haben. Denn auch dann gleichen alle Dinge, die Ihnen so zufließen werden, immer nur den eben schon erwähnten Streichhölzern in Kinderhand und Sie hätten so den für Sie bestimmten Weg zu den golden leuchtenden Toren zuerst einmal für sich selbst verfehlt. Im schlimmsten Fall würden Sie so sogar in eine Scheinwelt hineingelockt werden, welche Sie auf Grund der in Ihnen noch nicht vollständig überwundenen negativen Gefühle und Gedanken nicht einmal selbst erkennen und so auch nicht von sich abwehren können. Sie würden dann nur eine ‚Scheinwelt' gegen eine andere ‚Scheinwelt' tauschen und diese dann meist sogar für die wahre und ‚erleuchtete' Wirklichkeit halten. Sie würden annehmen, sich auf dem wahren Weg zu befinden, wären jedoch nur in die Irre geleitet worden. Ihre wertvolle Lebens-Zeit und somit auch Ihre wertvolle Lebens-Energie wären somit nutzlos verschwendet.

Viele der hier zusammengetragenen und vor allem neu für Sie GEORDNETEN Dinge werden Ihnen bereits schon irgendwie vertraut vorkommen. Manche Dinge vielleicht aber zu diesem frühen Zeitpunkt noch ungewohnt oder verwirrend erscheinen. Seien Sie sich aber IMMER gewiss: diesen Weg zu beschreiten, bedeutet für Sie NIEMALS, irgendetwas BLIND glauben zu MÜSSEN. Lassen Sie diese Dinge einfach UNVOREINGENOMMEN und OFFEN auf sich wirken, ohne auch nur irgendeinen Versuch zu unternehmen, diese mit Ihrem VERSTAND oder mit Ihrem von außen geprägten materialistisch-sinnlichen Denken BEWERTEN zu wollen.

„Das Kind schüchtert dich stets ein, als hielte es ein Wissen zurück. Und darin täuschst du dich nicht, denn sein Geist ist stark, bevor du ihn verkümmern lässt.“
Antoine de Saint-Exupéry

Hören Sie einfach auf Ihre innere Stimme und Ihre Intuition, denn dann sprechen Ihre Seele und Ihr Geist direkt zu Ihnen. Direkt zu Ihrem Ich-Bewusstsein, und alle durch die bisherige Erziehung oder äußere Prägung in uns erzeugten ‚BERWERTUNGSSCHUBLADEN‘ bleiben einfach außen vor.

Nur so sind wir völlig frei in unserer Meinungsbildung und können zielstrebig auf dem für uns vorgesehenen Weg zum Ziel unseres Lebens voranschreiten. Folgen wir dagegen den in uns wirkenden und durch äußere Einflüsse manipulierten und veränderten Meinungen oder Denkweisen (also immer dann, wenn wir NICHT SOFORT DEM ERSTEN GEDANKEN, DEM ERSTEN IMPULS IN UNS FOLGEN) werden wir wohl das Ziel unseres Lebens nicht erreichen. Wir sind dann meist nicht mehr, als der ziellose Wanderer, welcher ‚Blümchen rechts und links am Wegesrand pflückt‘, und so nicht ‚voran kommt‘.
Wir gleichen dann dem verirrten Wanderer in der Wüste, welcher sich jeden Morgen und nach jedem SCHLAFEN in eine andere Himmelsrichtung wendet. Heute nach Osten. Morgen wieder nach Süden. Dann nach Westen. Und am vierten Tag verschmachtet er am Ausgangspunkt seiner Suche.

Seien Sie jeden Tag, jede Stunde und jeden Atemzug dazu bereit, sich dem Neuen, das sich uns offenbaren will, unvoreingenommen zu öffnen.

„Das einzig Beständige ist der Wandel"
Deutsches Sprichwort

Erster Teil

Vom Sinn der uns umgebenden Welt

„Nichts trägt einen Sinn in sich. Der wirkliche Sinn der Dinge liegt im Gefüge."
Antoine de Saint-Exupéry

Weiter voran, auf dem Weg zur Liebe und dem wahren Licht

Dieses Buch wendet sich an denjenigen, der fest entschlossen ist, seinen Weg zu den golden leuchtenden Toren mit der Aufschrift ‚Ziel Deines Lebens' nicht nur zu finden, sondern diesen Weg auch bis zu dessen (vorläufigen) Ende zu beschreiten.
Es stellt so zusagen die Fortsetzung von
‚John R. McCollins - Der Weg zur Liebe und zum wahren Licht'
dar. Dieser zweite Band des obigen Buches beschreibt dabei die weiteren Schritte des Suchenden auf seinem persönlichen und ganz individuellen Weg zur Erkenntnis und zum Selbstverständnis der tatsächlich wirkenden Ursachen und der tatsächlich wirkenden Dinge. Der Dinge, die HINTER den Erscheinungen der uns umgebenden materiell-sinnlichen Welt, der Welt also, die wir mit unseren bisherigen menschlichen Sinnen ausschließlich wahrnehmen können, stehen und wirken.

„Nicht Geduld, denn es handelt sich nicht um ein Ziel; der Weg ist es, der die Freude gebiert."
Antoine de Saint-Exupéry

Zu Beginn dieses Weges werden wir dabei jedoch noch ausschließlich auf die uns scheinbar so geläufigen Sinne wie, Sehen, Hören, Fühlen, Schmecken und so weiter angewiesen sein. Die höhere, und meist als geistige Welt bezeichnete Realität, kann sich uns in diesem frühen Moment nur in den ERSCHEINUNGEN, die bis in diese, unsere bisherige und alleinige, Sinneswelt hineinwirken, offenbaren. Wir müssen daher einfach nur bereit sein, diese Erscheinungen offen und unvoreingenommen zu betrachten und als solche erkennen zu wollen.

„Selig sind, die nicht sehen und doch glauben"
Die Bibel – Johannes 20, 29

Für alle anderen Menschen scheinen diese Erscheinungen ‚zufällig', ‚unergründlich' und ‚chaotisch' und somit völlig ‚bedeutungslos' zu sein. Auf die Begriffe des ‚Zufalles' und des ‚Chaos' werden wir in einem späteren Kapitel noch einmal zurückkommen.

Beachten Sie immer:
Wir sind zu diesem frühen Zeitpunkt ausschließlich in der Lage, EINIGE dieser Erscheinungen in unserer sinnlich-materiellen Welt wahrzunehmen. Die URSACHEN, die HINTER diesen Erscheinungen stehen, können wir jedoch NIEMALS in dieser materialistisch-sinnlichen Welt finden oder gar erkennen.
Alle Erklärungsversuche solcher, meist selbsternannten, ‚Experten' nur aus den Erscheinungen selbst heraus, gehen immer an den wahren Ursachen vorbei. Sind somit meist nicht viel mehr wert, als das Papier auf dem sie gedruckt oder geschrieben wurden.
Man könnte dies zum Beispiel mit dem Versuch einer ‚Eintagsfliege', das Leben eines Menschen von Geburt bis zum Tode in der ihr zur Verfügung stehenden minimalen Zeitspanne von einem Tag vollständig und umfassend zu beschreiben, vergleichen. Das Ergebnis einer solchen Betrachtungsweise tendiert dann meist stark gegen Null.

„Die Wahrheit bedarf nicht vieler Worte"
Laotse [5]

---

[5] Laotse – vermutlich 6. Jahrhundert vor Christus (siehe auch Anhang)

Woher wissen wir jetzt aber, dass die WAHREN Ursachen zu uns sprechen? Das wir nicht von den im Hintergrund und Untergrund ‚werkelnden' Wesen gerade manipuliert und belogen werden sollen? Im ersten Buch haben wir uns in den Kapiteln ‚Von Lüge und Betrug' und ‚Von Manipulation und manipuliert werden' bereits ausführlich mit den Techniken dieser Wesen beschäftigt und haben gelernt, diese Manipulationen, deren Lügen und den beabsichtigten Betrug zu erkennen und uns vor diesen zu schützen.

Es gibt jedoch noch eine weitere und verblüffende Antwort auf diese alles entscheidende Frage. Diese finden wir in der Bibel, im ‚Neuen Testament', genauer noch im ‚Marcus-Evangelium'.
In der Bibel gibt es ein sehr passendes Gleichnis. Christus wird dort von seinen Jüngern befragt, wie die Jünger die falschen Propheten und falschen Christi erkennen können, „...die Zeichen und Wunder thun, daß sie auch die Auserwählten verführen, so es möglich wäre." [6] Wie kann man nun diese falschen Propheten und falschen Christi, welche zur ENDZEIT auftreten werden, sicher erkennen?

Christus darauf zu seinen Jüngern:

„An dem Feigenbaum lernet ein Gleichnis. Wenn jetzt seine Zweige saftig werden, und Blätter gewinnen; so wisset ihr, daß der Sommer nahe ist" [7]

„Was ich aber euch sage, das sage ich Allen: Wachet!" [8]

---

[6] Die Bibel, Neues Testament, nach der Übersetzung von Dr. Martin Luther, Verlag Canstein Halle/Saale, Ausgabe 1890 – Marcus 13,22

[7] ebenda, Marcus 13,28

[8] ebenda, Marcus 13,37

In unsere heutige Zeit übertragen, könnte dieses Gleichnis aus der Bibel möglicherweise so gedeutet werden, dass eine SCHEINBARE ‚Wiederkunft Christi‘ zum Beispiel mit den heutigen technischen Möglichkeiten als ‚Himmelskino‘ inszeniert würde
Falls Sie jetzt von jemanden die Meinung hören sollten, dass so eine Manipulation doch ganz leicht von ihm erkannt würde, wäre vielleicht nachfolgendes Gedankenexperiment dazu geeignet, ihn zumindest zum Nachdenken anzuregen.

Gedankenexperiment:
Lassen Sie einmal in Gedanken jemanden, der noch niemals ein normales 5D-Kino von innen gesehen hat, ja nicht einmal weiß, dass so etwas heute schon technisch möglich ist, dort völlig unvermittelt in einem Horrorfilm aufwachen und dort auch wieder nach dem Film einschlafen. Es wird schwer werden, demjenigen, wenn er am nächsten Tag in seinem eigenen Bett aufwacht, klar zu machen, dass alles, was er heute Nacht erlebt und gesehen hat, nichts weiter als eine geschickt inszenierte ILLUSION war.

„Wachet!“

„Die großen Zufälle sind das Gesetz. Die Ordnung der Dinge kann nicht auf sie verzichten."
Victor Hugo [9]

Vom ‚Zufall' und vom ‚Chaos'

Wer kennt sie nicht, Aussprüche, wie ‚...na so ein Zufall, dass wir uns heute hier begegnen...' und dergleichen mehr. Meist sind diese, zumindest wenn sie wirklich und wahrhaftig und aus ehrlichem Herzen kommen, ein Ausdruck der tatsächlichen und aufrichtigen Überraschung desjenigen. Der Überraschung, dass ein, bisher nicht für möglich gehaltenes, Ereignis soeben doch eingetreten ist.

„Nichts geschieht durch Zufall auf dieser Welt."
Deutsches Sprichwort

Und so ist es in den allermeisten dieser Fälle dann auch. Der Begriff ‚Zufall' kommt bekanntlich von ‚zufallen' – es fällt Ihnen also etwas zu. Etwas, das Ihnen heute und hier und an diesem Ort ‚zufallen' und somit ‚begegnen' oder einfach auch nur ‚gegeben' werden sollte.

Mit einem scheinbar unvorhersehbaren Vorgang hat dies nur soweit etwas zu tun, als man ausschließlich in der ‚sinnlich-materialistischen' Sichtweise behaftet ist und bleibt. Sobald man sich jedoch darüber erhebt, stellen sich diese Dinge plötzlich nicht mehr als so zufällig in den Raum, wie uns dies zunächst erscheinen wollte.

---

[9] Victor Hugo – 1802 bis 1885 (siehe auch Anhang)

„Wie wenig Lärm machen die wirklichen Wunder!“
Antoine de Saint-Exupéry

Der Begriff des ‚Chaos‘ dagegen ist zumindest einmal und, im umgangssprachlichen Gebrauch verwendet, ein Synonym für ein (scheinbar) ungeordnetes System von Dingen, Gegenständen, Menschen, Wesen und dergleichen mehr. Seien Sie sich jedoch absolut klar darüber, dass Ihr Empfinden, dass es sich hierbei um ein ‚Chaos‘ handle, auch einfach nur durch einen Mangel an Verständnis oder einen MANGEL AN ERKENNTNIS zu diesem Vorgang und zwar IN IHNEN SELBST bedingt sein kann.

Vielleicht ist es Ihnen auch schon einmal begegnet, dass der niedere, eitle und selbstgefällige Mensch denjenigen verachtet, dessen menschliche Handlungen, die ja in diesen Momenten dem Göttlichen in uns entspringen, er nicht begreifen kann (oder will). Diese Haltung charakterisiert dieses Wesen mehr, als es uns jemals auf unserem Weg zur Liebe und zum wahren Licht schaden kann.

„Der niedrige Mensch hat die Verachtung erfunden, da seine Wahrheit die anderen ausschließt. Soweit mir bekannt ist, verachtet der Apfelbaum nicht die Rebe oder die Palme oder die Zeder.“
Antoine de Saint-Exupéry

Von einer höheren Warte aus betrachtet (höherer Blickwinkel) könnte sich somit ergeben, dass sich dieses vermeintliche ‚Chaos‘ auch einfach nur nach HÖHEREN Ordnungsprinzipien richtet. Höheren Ordnungsprinzipien, welche Sie auf Grund Ihres bisherigen Standes des ERKENNENS der real existierenden GESAMTWELT (noch) nicht begreifen und somit auch noch nicht nachvollziehen können.

Und genau so verhält es sich auch beim Begriff des ‚Zufalles‘. Derjenige, welcher von einem ‚Zufall‘ spricht, ist in den allermeisten Fällen (noch) nicht in der Lage, die tatsächliche Bedeutung dieses ‚Zufallens‘ für ihn zu ERKENNEN, da er die URSACHEN, welche HINTER diesen Dingen wirken und diese bedingen (derzeit) noch nicht erkennen kann.

Über das ‚Überwinden des materialistisch-sinnlichen Denk-Gefängnisses‘

Viele Menschen heute sind noch im ‚Dunkel Ihres Tages‘ scheinbar gefangen. Haben sich noch nicht von dem in Ihnen errichteten ‚materialistisch-sinnlichen Denkgefängnis‘ frei gemacht und freimachen können. Ja manche von diesen Menschen sind so immer noch, und meist sogar felsenfest, der Meinung, dass diese ausschließlich mit unseren Sinnen, wie Hören, Sehen, Fühlen, Schmecken und so weiter wahrnehmbare Welt die ‚reale‘ und ‚einzig existierende‘ Welt (für sie) wäre. Und somit haben diese Menschen für sich diese uns umgebende Scheinwelt, zumindest für einen nach irdischen Verhältnissen sehr langen Zeitraum, als ihr alleinig existierendes ‚Weltengefängnis‘ selbst erwählt.

Die in diesem Fall meistens bei diesen Menschen vorherrschenden Ansichten und Denkweisen sind dann folgende:

1. Derjenige ist der Meinung aus dem absoluten ‚Nichts‘, aus einer ‚Nichtexistenz‘ heraus, in diese Welt hineingeboren worden oder auch einfach nur aus dem ‚Nichts‘ heraus hier ‚erschienen‘ zu sein. Er ist meist weiterhin fest davon überzeugt, am Ende dieses Lebens, welches somit für ihn das Einzige zu sein scheint, im ‚Nichts‘, also der ‚Unbewusstheit‘ oder auch ‚Nichtexistenz‘ wieder zu versinken oder auch wieder zu ‚verschwinden‘. Diese Meinung findet sich sehr oft bei Menschen, die in einer ausschließlich ‚sinnlich-materialistischen‘ Denkweise befangen sind und wird durch die , Scheinlogik: ‚da ich mich ja an keine früheren Leben erinnern kann, kann es diese auch nie für mich gegeben haben‘ genährt. Mit dieser scheinbar so unwiderlegbaren und ‚alles erdrückenden

Logik‘ werden wir uns etwas später noch im Kapitel ‚Die Kunde vom körperfreien Menschen‘ näher befassen.

2. Bei Menschen dagegen, die bereits einen gewissen Glauben, oder doch zumindest eine gewisse Vorstellung von Glauben, an den Urschöpfer aller Dinge besitzen, herrscht dagegen sehr oft die Meinung und wohl sogar Überzeugung vor, dass sein jeweiliger ‚Schöpfer‘ oder jeweiliger ‚Gott‘ ihn, also den in diesem Glauben befangenen Menschen, am Ende dieses Lebens in sein, meist ‚himmlisches Reich‘, aufnehmen würde. Andererseits sind diese Menschen gleichzeitig in der mehr oder minder bedeutenden ‚Scheinlogik‘ befangen, dass der Gegenpol zu diesem und nur ihm vorbestimmten, ‚himmlischen Reich‘, nennen wir es der Einfachheit halber zunächst einfach einmal ‚Hölle‘, nur den ANDEREN Wesen zugedacht sei.

Welche Schlussfolgerungen oder Verhaltensweisen, denken Sie, werden sich wohl, aus den oben aufgeführten häufigsten Denkweisen heraus, für diejenigen Menschen ergeben?

Wenn Sie sich einmal offen und unbefangen in der Sie umgebenden Welt umsehen, werden Sie sicher sehr oft auf folgende Denk- und Verhaltensweisen gestoßen sein:

1. ‚Ich muss dieses für mich scheinbar so flüchtige Erdendasein in den vollsten Zügen genießen. Die anderen Wesen sind mir dabei, ja nach charakterlichem Typus, mehr oder weniger ‚egal‘. Ich nehme, was und wo ich es ‚kriegen‘ kann‘.

2. ‚Dieses Leben auf dieser Erde ist mir von ‚meinem Gott' geschenkt worden und ich muss es so gut für mich nützen, wie ich kann'.

Der zweite Punkt erscheint dem Einen oder Anderen möglicherweise, zumindest flüchtig und daher auch nur oberflächlich betrachtet, erst einmal akzeptabel zu sein. Allerdings dürfen wir hierbei nie vergessen, dass auch dieser Mensch von ‚seinem Gott' ganz gewiss nicht nur und ausschließlich auf diese Welt gesetzt wurde, um den aus seinen sechs Sinnen geborenen ‚Drang' hier auszuleben. In den Kapiteln ‚Von Wünschen und Begierden' und ‚Von Habsucht und Gier' haben wir uns bereits im ersten Buch von John R. McCollins – ‚Der Weg zur Liebe und zum wahren Licht' mit dieser Problematik beschäftigt und uns dabei von diesen Gefühlen und Denkweisen ein für alle Mal befreit. Wir haben somit die dahinter verborgene ‚Scheinlogik' ganz klar erkannt und uns bereits auf eine darüber liegende Ebene erhoben. Und so wollen wir uns nachfolgend zunächst einmal mit der Fragestellung beschäftigen, warum es dem in der <u>ersten</u> Denkweise befangenen Menschen nicht so ohne Weiteres möglich ist, sich über diese ‚Denkbarrieren' zu erheben.
Eine der dabei von diesen ausschließlich ‚sinnlich-materialistisch' denkenden Menschen sehr oft zur ‚Rechtfertigung' ihrer Auffassungen herangezogene Argumentation wollen wir nachfolgend betrachten.

‚Ich glaube nur an das, was ich anfassen kann‘ ist so einer der häufigsten und, wahrscheinlich auch einer der scheinbar naheliegendsten, Einwände gegen die durchaus und ‚real‘ existierenden höheren, und meist als geistige Welten bezeichneten, Realitäten. Das es sich bei diesem ‚Verweigern-Wollen‘ gegenüber diesen, zugegebener Maßen über unsere irdischen Sinne hinausgehenden, Erkenntnissen durchaus nur um eine gewisse ‚Scheinlogik‘ handelt, wird uns sofort vollständig klar werden.

Die Fragestellung an diese Menschen:
Gibt es in Ihrem Leben vielleicht eine Frau oder einen Mann, ein Kind oder vielleicht die Eltern, Personen also, denen Sie von ganzem Herzen zugetan sind? Die Sie lieben‘?
Führt diese Menschen notwendigerweise zu Folgendem:
‚Wie ist das aber jetzt mit der ‚Liebe‘ zu diesen Personen? Folgen wir der oben angewendeten ‚Scheinlogik‘ müssen wir auch hier ganz klar feststellen, dass Sie die Liebe zu diesen Personen ja auch nicht Hören, Sehen, Fühlen, Schmecken und vor allem auch nicht ‚Anfassen‘ können‘.
Frage: ‚Warum sind sie dann dennoch von der ‚realen‘ Existenz dieser Liebe überzeugt‘?

Selbst der Einwand: ‚wenn meine Frau mich liebt und so zum Beispiel zärtlich zu mir ist, kann ich diese Liebe doch spüren‘, kehrt sich bei neutraler und auf die tatsächliche Ursache-Wirkungs-Kette (Kausalität) reduzierte Sichtweise in das Gegenteil um. Die Zärtlichkeit ihrer Frau ist eben nur die ERSCHEINUNG in unserer ‚sinnlich-materialistischen Scheinwelt‘. Die WAHRE URSACHE ist jedoch, die mit unseren menschlichen Sinnen eben BISHER NICHT wahrnehmbare LIEBE ihrer Frau zu Ihnen. Die ‚Liebe' ist die URSACHE, die HINTER der ERSCHEINUNG der ‚Zärtlichkeit zu Ihnen' steht.

Und genau so wirken die tatsächlichen Ursachen aus der geistigen Welt in unsere für uns sinnlich erfassbare Welt als Erscheinungen hinein. Wer nur die Wirkungen erkennt und diese aus sich selbst heraus erklären will, oder in dem Glauben befangen ist, dass diese Welt die Einzige, dieses momentane Leben das Einzige für ihn sei, wird die Wahrheit nicht erkennen können.

Beachten Sie auch, dass es in dieser unserer scheinbar so ‚einzigen' Welt Wesen gibt, die uns genau dies eben gesagte glauben lassen wollen. Nur so können sie diese Menschen, die eben dieser Scheinlogik folgen und dieser Scheinlogik somit erlegen sind, auch weiterhin in ihrem ‚Weltengefängnis' eingeschlossen halten.
Hat man sich jedoch diesem Verständnis in seinem reinsten Herzen unvoreingenommen geöffnet, stehen demjenigen die Wege zu den in der Ferne schon ‚golden leuchtenden Toren' bereits offen. Die steilen Klippen, die bis zu dieser Erkenntnis noch scheinbar unüberwindlich waren, haben sich zu ebnen begonnen. Wege haben sich geöffnet, wo derjenige, der noch in der ‚sinnlich-materialistischen' Denk-Welt gefangen ist, nur Dornengestrüpp wähnt. Da, wo sich dem in seinem ‚sinnlich-materialistischen Denk-Gefängnis' behafteten Menschen nichts offenbart (wo nichts für Ihn wahrnehmbar ist), öffnen sich dem erwachenden Menschen die wahren Wege und Ziele, welche vom Universum für seine gegenwärtige Entwicklung vorgesehen sind.

„Du hast nichts zu erhoffen, wenn du blind bist gegenüber jenem Lichte, das nicht von den Dingen, sondern vom Sinn der Dinge herrührt.“
Antoine de Saint-Exupéry

Mit einem weiteren Beispiel wollen wir versuchen, uns dem Verständnis dieses Themas von einer anderen Seite zu nähern. In unserem nachfolgenden Gedankenexperiment sind Sie in einer menschenleeren und weiten und Ihnen, bis zum heutigen Tag, vollständig unbekannten Landschaft unterwegs. Sie schreiten so mutterseelenallein durch die scheinbar verlassenen Felder dieser so weiten Landschaft. Keine Menschenseele ist auch nur irgendwo zu erkennen. In der Ferne erscheint ihnen plötzlich die Silhouette eines Hauses oder Gehöftes. Sie lenken nun Ihre Schritte dorthin und kommen an ein scheinbar verlassenes Haus, welches von einem alten und sehr hohen und scheinbar sogar unüberwindlichen Zaun umgeben ist. Die fensterlosen und leeren Fenster- und Türöffnungen verstärken nur noch Ihren Eindruck von der Verlassenheit dieses Hauses. Hier scheint wohl niemand zu wohnen und zu leben, da ja nirgendwo jemand zu sehen ist. Stellen Sie sich jetzt die Fragen: ‚Ist dort in diesem Haus WIRKLICH und WAHRHAFTIG niemand, da alles so verlassen scheint und Sie nirgendwo ein Wesen erblicken können? War dort niemals jemand‘? Falls Sie geneigt sind, auch nur eine dieser Fragen mit ‚ja‘ zu beantworten, erscheinen sofort die nächsten Fragen vor uns: ‚Für wen und aus welchem Grunde wurde dann dieses Haus dort errichtet, dort gebaut? Wäre dieses Haus dann nicht sinnlos? Und wer hat dieses Haus dann gebaut, wenn hier doch scheinbar niemals jemand zu sehen war, scheinbar niemals jemand gelebt hat‘?

In dem Moment, als Sie sich schon abwenden wollen, ist Ihnen, als ob Sie dort oben am Fenster des Dachbodens für einen kurzen und jetzt schon wieder flüchtigen Moment ein menschliches Antlitz erblickt hätten. Ganz kurz nur und für den Bruchteil eines Augenblickes. Dann ist diese vermeintliche ERSCHEINUNG wieder unseren Blicken, unserem Erkennen mit unseren BISHERIGEN IRDISCHEN Sinnen verborgen. ‚Ist jetzt wieder niemand mehr in diesem Haus, da ich ja wieder niemanden mit meinen irdischen Sinnen wahrnehmen kann? Oder hat dieses kurze und im Moment nur flüchtige ERKENNEN dazu geführt, meine Meinung über dieses ‚Haus‘ jetzt und für alle Zeiten grundlegend zu ändern‘?

Und dies ist tatsächlich der Punkt im Leben eines jeden Menschen, der darüber entscheidet, ob der eben gerade in uns erwachende ‚göttliche Teil‘ unseres Selbst weiter erwacht oder, zumindest für diese Inkarnation, wieder im tiefen Schlafe versinkt. Wenn Sie fest entschlossen sind, diesem Weg zur Liebe und zum wahren Licht aus reinstem Herzen zu folgen, dürfen Sie es niemals mehr zulassen, dass dieser sich im Erwachen befindliche göttliche Teil in Ihnen wieder im Schlafe, der Bewusstlosigkeit in diesem irdischen und daher auch vergänglichen Körper, versinkt.

Doch folgen wir weiter unserem Gedankenexperiment.
Was, wenn wir entschlossen sind, dieses Ereignis nicht als ‚Hirngespinst' oder ‚Fiktion' oder dergleichen abzutun? Wir uns auch niemals mehr von den ‚Schwarzen Hasen der Manipulation' [10] einlullen, verleumden, einschüchtern oder niederbrüllen lassen werden? Von diesen Wesen, welche immer genau dann auftreten, wenn ein ‚Nichteingeweihter' etwas erblickt hat, was nicht für ihn bestimmt war. Die immer genau dann auf den Plan treten, wenn ein DENKENDER GEIST die richtigen Schlussfolgerungen für sich gezogen hat und jetzt alle diese Lügen vor sich als solche erkennen kann. Wenn wir uns nie mehr von dieser, unserer eben erst erreichten ERKENNTNIS abbringen lassen werden? Wenn wir stattdessen jetzt einfach damit beginnen, diese ERKENNTNIS zu einer (für uns) neuen ERKENNTNIS der uns umgebenden GESAMTWELT zu machen? Wir damit beginnen, einfach unsere Sinne jetzt zu ‚erweitern'? In unserem Beispiel vielleicht ganz einfach durch die Verwendung einer ‚Wärmebildkamera'? So wären wir in der Lage, diese unseren bisherigen Sinnen aufs Neue verborgene Gestalt eben durch diese ERWEITERTEN SINNE wieder, und jetzt nachhaltig, aufs Neue ‚sichtbar' zu machen? In unserem Beispiel sogar durch die Wände dieses Hauses hindurch. Wir sehen durch die scheinbar undurchdringlichen Wände dieses Hauses hindurch. Und dies sogar, ohne in irgendeiner Weise auf ‚übernatürliche Kräfte' zurückzugreifen, bleiben wir doch immer noch in der uns scheinbar so geläufigen Sinneswelt behaftet. Allerdings müssen wir doch etwas dazu tun. Wir müssen lernen,

---

[10] siehe Kapitel ‚Von Zeit und Energie' und ‚Von Manipulation und manipuliert werden' – John R. McCollins - ‚Der Weg zur Liebe und zum wahren Licht'

die von unserer bisherigen SICHTWEISE abweichenden Wärmebilder zu ‚lesen' und zu erkennen.

Wenn die erste Annahme, dass der von uns dort oben an dem Dachbodenfenster tatsächlich gesehene Mensch, für den ‚sinnlich-materialistisch' behafteten Menschen bereits in dem Moment schon nicht mehr existent ist, wenn er ihn nicht mehr mit seinen irdischen sechs Sinnen wahrnehmen kann, schon selbst in dieser Welt der ‚irdischen Sinne' ad absurdum geführt werden kann, welche neuen und bahnbrechenden ERKENNTNISSE warten dann erst auf den SUCHENDEN, wenn er seine Sinne dahingehend erweitert? Wenn der bisher in ihm noch schlafende göttliche Teil erwacht und er die göttlichen Sinne in sich benutzen lernt. Wenn mit dem Erwachen dieser ‚göttlichen Sinne' in uns gleichzeitig auch noch eine Erweiterung unseres **BLICKWINKELS** auf diese ERSCHEINUNGEN einhergeht.? Dann wird dies denjenigen zu ERKENNTNISSEN in derzeit noch ungeahnten Dimensionen und ungeahnten geistigen Höhen führen und leiten.

„Ich bin der Weg und die Wahrheit und das Leben."
Die Bibel, Johannes 14,6

Und so ist es, wenn auch in unserem Beispiel sehr stark vereinfacht dargestellt, in der uns TATSÄCHLICH umgebenden GESAMTWELT. Wir können im Moment und mit unseren gegenwärtigen Sinnen nur einen sehr kleinen Teil dieser so vielgestaltigen und tatsächlich realen Welt erkennen. So, wie in unserem Beispiel, eben nur die Person, die gerade an unser, also unseren Sinnen, geöffnetes ‚Fenster' getreten ist. Alles, was nicht durch dieses Fenster unserer momentan möglichen Sinneswahrnehmung zu sehen ist, bleibt uns genau so lange verborgen, bis wir unsere Sinne dahingehend erweitert haben. In unserem Beispiel eben mit der Wärmebildkamera. In der uns umgebenden realen Gesamtwelt durch die Erweiterung unserer Sinne. Genauer noch, durch das Aufwecken und Öffnen unserer göttlichen Sinne tief in uns selbst.

„Je höher eine Wahrheit ist, von desto höherer Warte musst du Ausschau halten, um sie zu begreifen.“
Antoine de Saint-Exupéry

Unsere Betrachtungen über die scheinbare ‚Realität‘ und, leider auch nur scheinbare, Logik, geboren aus der uns umgebenden und mit unseren derzeitigen menschlichen Sinnen wahrnehmbaren ‚materialistisch-sinnlichen‘ Welt, wollen wir mit einem ‚Treppen-Witz‘ der Mathematik weiterführen.

Jedem mit den Grundlagen der Elementarmathematik vertrauten Menschen dürfte absolut klar sein, dass:

‚Zwei minus Vier immer Minus Zwei‘

ergibt. Dies dürfte so sonnenklar sein, dass es sich überhaupt nicht zu lohnen scheint, darüber auch nur noch etwas länger nachzudenken. Aber ist dies wirklich so?

Ein ‚Mathematiker‘ beobachtet, dass **zwei** Menschen in ein Zimmer hineingehen. Durch diese Tür dort. Dem einzigen ihm bekannten Zugang zu diesem Raum. Er bleibt auf seinem Beobachtungsposten. Nach einer gewissen Zeitspanne kommen auf einmal vier Menschen wieder durch diese Tür, also aus dem Raum heraus. Schlussfolgert der ‚reine Mathematiker‘ jetzt nicht ‚haarscharf‘ und ‚unwiderlegbar‘ daraus, dass in diesem Raum jetzt **‚Minus Zwei‘** Menschen sind?

Ist dies aus seinem (beschränkten) Erkennen der GESAMT-Welt heraus, nicht eine zumindest logisch begründbare (und für ihn felsenfest als ‚richtig' eingeordnete) Schlussfolgerung? Wo liegt der, für uns scheinbar so leicht und offensichtlich erkennbare Fehler dieser Logik, welche, wie WIR sofort erkennen können, dann doch wohl nur eine ‚Scheinlogik' war?

Es scheint also auf den Standpunkt, den bereits durch uns als Menschen erreichten Blickwinkel anzukommen, um die Wahrheit von einer ‚Scheinlogik' auch sicher unterscheiden zu können. Die wichtigste Voraussetzung dafür ist jedoch, dass man sich von den in uns von außen oder auch durch uns selbst errichteten Dogmen für immer und alle Zeiten befreien **WILL.**

„Wollen ist der erste Schritt auf dem Weg zum Können"
Konfuzius [11]

Da die eben gemachten Überlegungen von alles entscheidender Wichtigkeit für unseren weiteren Weg bis hin zu den ‚golden leuchtenden Toren' sind, wollen wir das soeben Erreichte noch einmal kurz im Überblick Revue passieren lassen und die wichtigsten ERKENNTNISSE noch einmal kurz zusammenfassen.

Zusammenfassung:

1. Mit unseren irdischen Sinnen sind wir nur in der Lage einen kleinen Teil der uns umgebenden realen GESAMTWELT zu erfassen und somit zu erkennen.
2. Erscheinungen, welche wir nicht mit diesen sechs Sinnen erfassen können, sind für uns, auf Grund unserer bisherigen

[11] Konfuzius – um 550 bis 480 vor Christus (siehe auch Anhang)

Erziehung und der in uns erfolgten bisherigen Meinungsbildung von außen, zunächst einmal und scheinbar nicht existent.

3. ERSCHEINUNGEN aus der GESAMTWELT können jedoch durch das uns als Menschen mögliche FREIE DENKEN als real existent erkannt werden.
4. Auf einer höheren Stufe des FREIEN DENKENS ist es uns sogar möglich, die URSACHEN, welche hinter diesen ERSCHEINUNGEN stehen, (zumindest zum Teil) zu erkennen.
5. Dieser Erkenntnisweg ist nur dann möglich, wenn das in demjenigen Menschen erzeugte und wirkende ‚sinnlich-materialistische' Dogma nachhaltig überwunden wird.

Von der Idee der ‚real existierenden Gesamtwelt'

Ausgehend von den Ergebnissen der im letzten Kapitel von uns gemachten Überlegungen wollen wir zunächst einmal die Annahme treffen, dass diese für uns sinnlich erfassbare Welt nur ein (kleiner) Teil der tatsächlich und ‚real existenten Gesamtwelt' ist.

Wenn wir dies, so zusagen, als Starthese einfach einmal annehmen wollen, ist es jetzt für uns an der Zeit, Schere, Lineal und Klebeband bereit zu legen, denn wir wollen uns jetzt GEMEINSAM einen ‚WIRKLICHKEITSSTRAHL' basteln.

1. Trennen Sie dazu zunächst einmal die Seite 35/ 36 vorsichtig aus diesem Buch heraus.
2. Folgen Sie jetzt den mit 1 bis 3 gekennzeichneten Arbeitsschritten
3. Die nach hinten umgelegten ‚Flügel' des ‚Reiter A' können Sie gerne mit einem kurzen Stück Klebeband sichern

Die vollständige und ausführliche ‚Bastelanleitung' finden Sie auch nachfolgend als ‚Fotostrecke'. :-)

Übrigens:

für alle Leser der E-Book-Ausgabe und für alle die Leser dieser Printausgabe, welche nicht gerne dieses Buch zerschneiden möchten, ist im Handel ein Ergänzungsband erhältlich.

ISBN ERGÄNZUNGSBAND: 978-3-759228-46-8

Dieser Auszug aus der Printausgabe im Umfang von ca. 40 Seiten enthält ausschließlich die Kapitel zum ‚Selberbasteln' der beiden Modelle vom ‚Wirklichkeitsstrahl'.

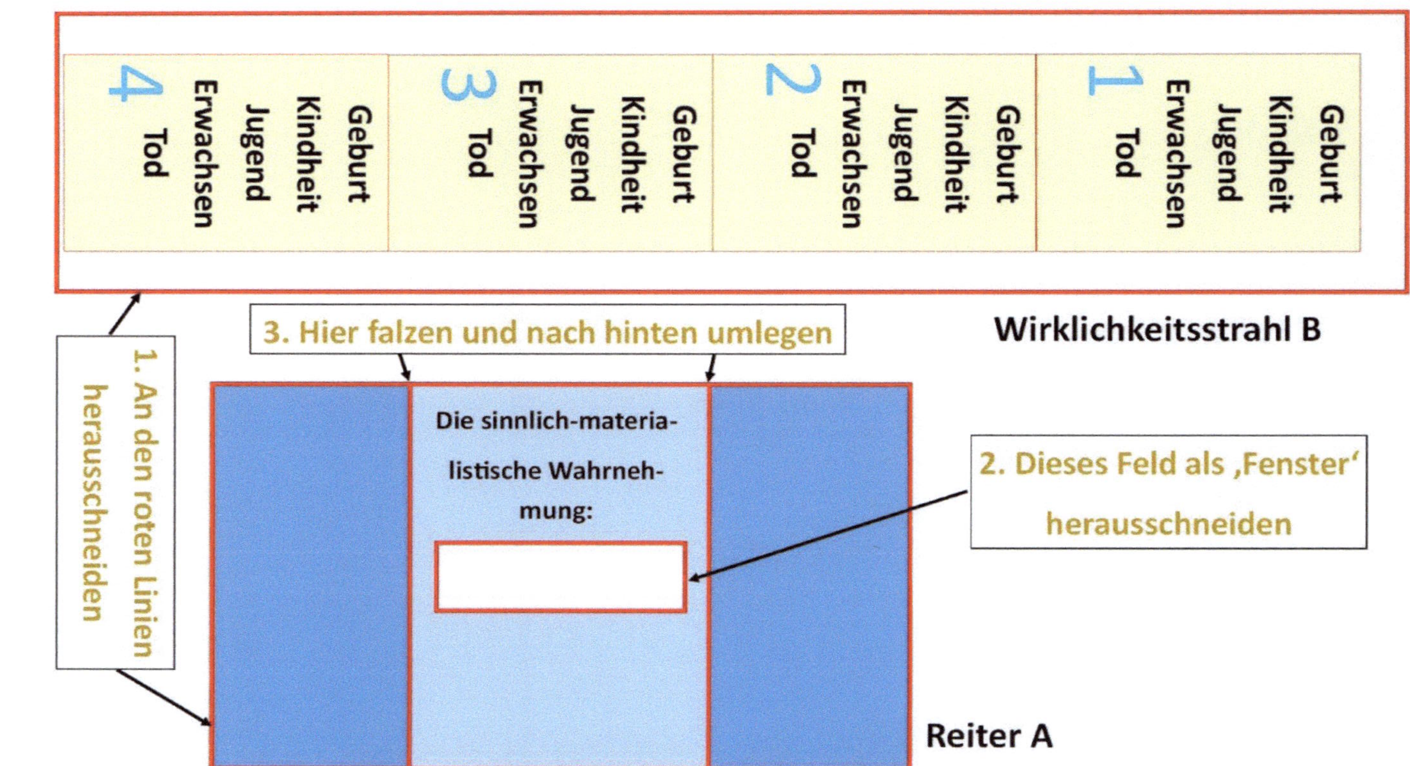
Geburt
Kindheit
Jugend
Erwachsen
Tod
1
Geburt
Kindheit
Jugend
Erwachsen
Tod
2
Geburt
Kindheit
Jugend
Erwachsen
Tod
3
Geburt
Kindheit
Jugend
Erwachsen
Tod
4
Wirklichkeitsstrahl B
3. Hier falzen und nach hinten umlegen
1. An den roten Linien herausschneiden
Die sinnlich-materia-
listische Wahrneh-
mung:
2. Dieses Feld als ‚Fenster‘ herausschneiden
Reiter A

FOTOSTRECKE:

Wir basteln uns einen ‚sinnlich-materialistischen Wirklichkeitsstrahl‘ :-)

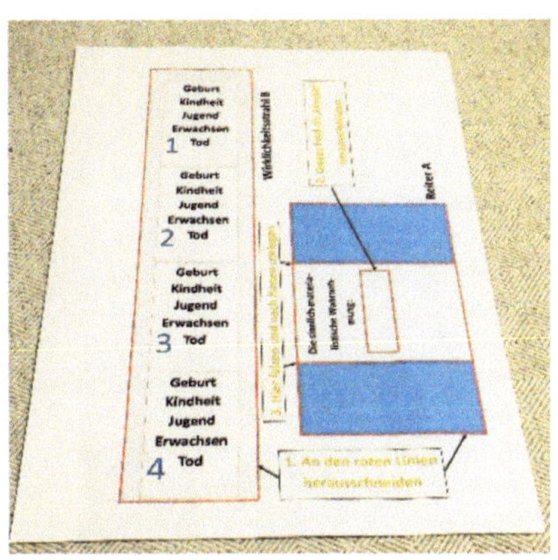

Die herausgetrennte Buchseite

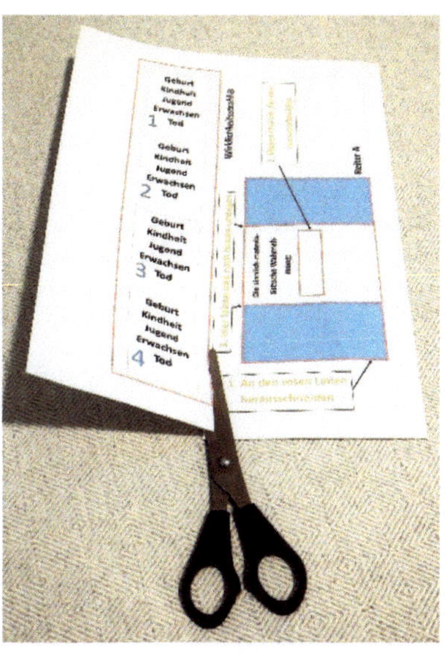

Schneider Sie den Reiter und den Strahl an den roten Linien heraus

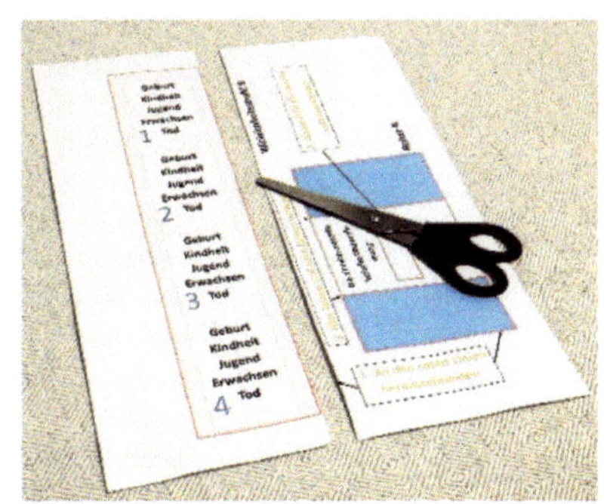

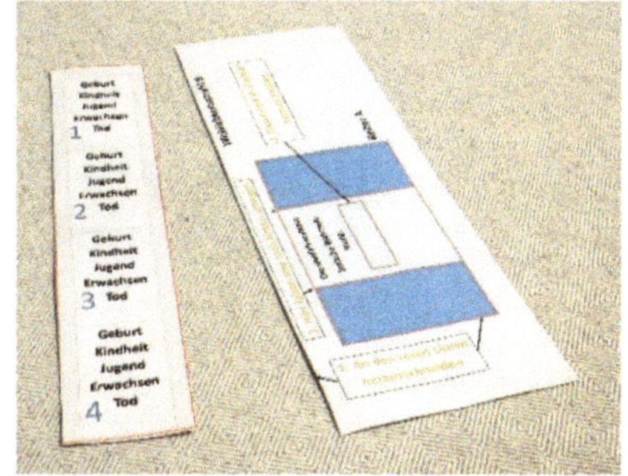

Der herausgetrennte Wirklichkeits-Strahl

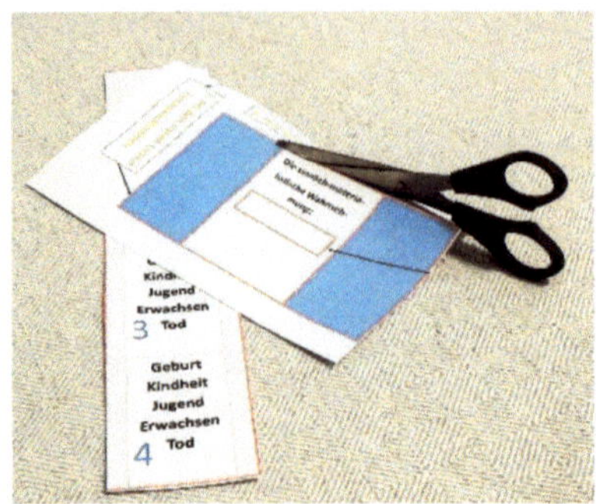

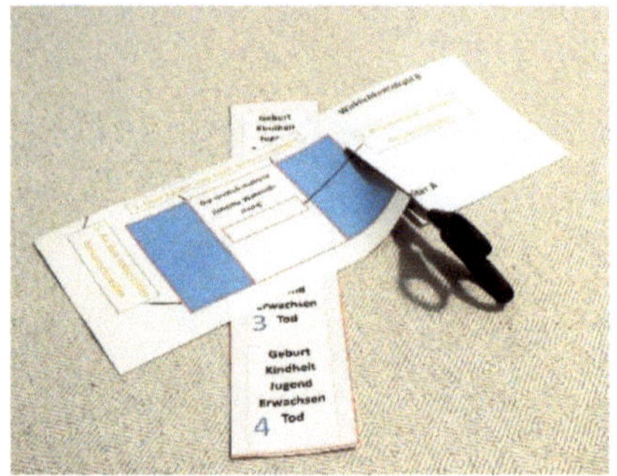

Und nun noch der Reiter...

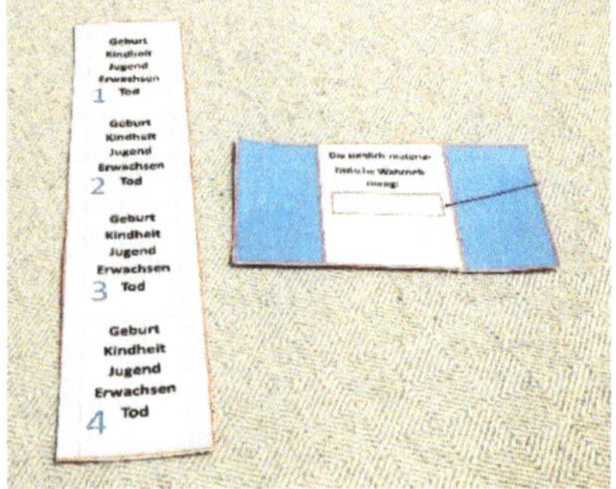

Reiter und Strahl fertig herausgeschnitten

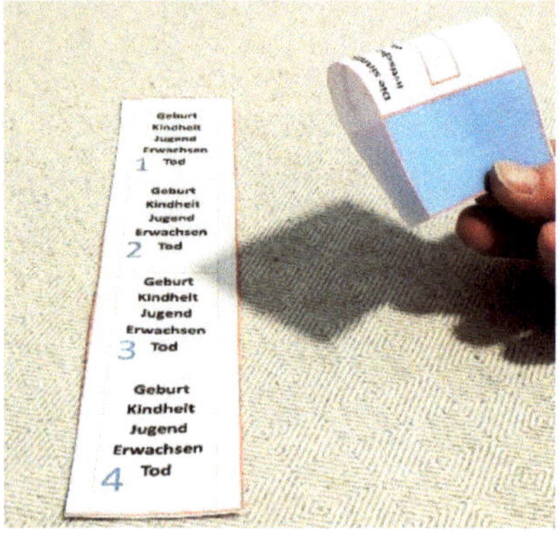

Knicken Sie den Reiter jetzt mittig. Das erleichtert das Herausschneiden des Sichtfensters

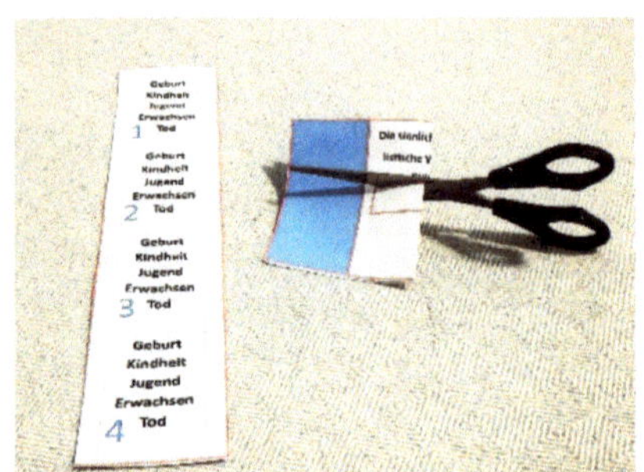

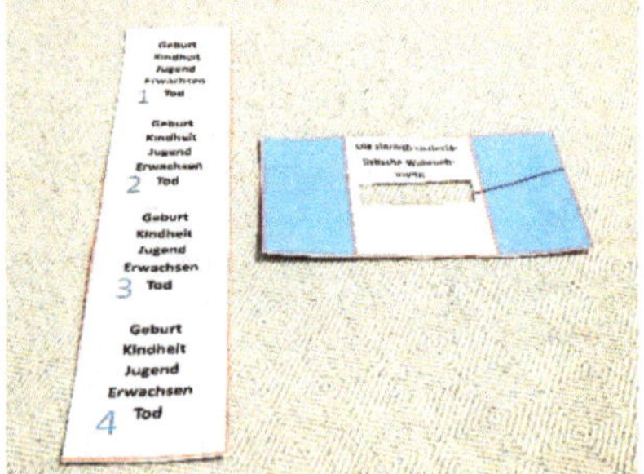

Reiter mit vollständig herausgetrenntem Sichtfenster

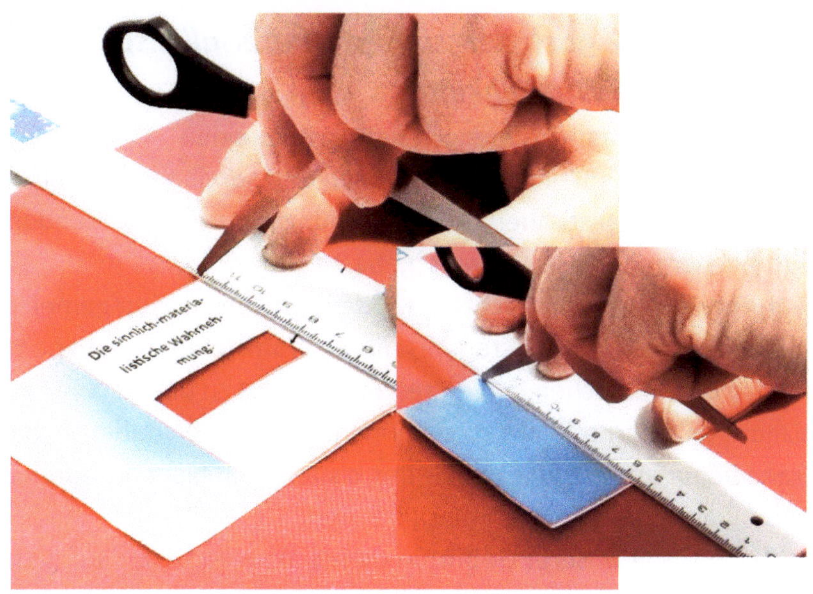

Nun noch beide Knickkanten zum Beispiel auf einem Frühstücksbrettchen anritzen

Jetzt noch die Flügel nach hinten umlegen und mit einem Stück Klebeband fixieren - fertig ist unser ‚sinnlich-materialistischer' Wirklichkeitsstrahl :-)

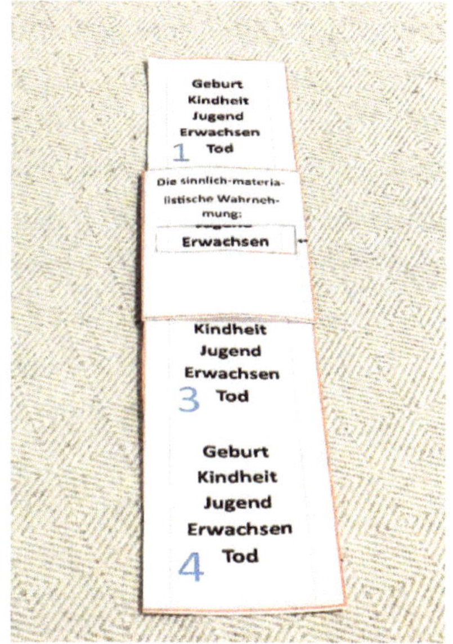

Von der Suche nach der ‚sinnlich-materialistisch' erkennbaren ‚Wirklichkeit'

Im vorherigen Kapitel haben wir gemeinsam einen ‚Wirklichkeitsstrahl' unserer bisherigen und somit ausschließlich ‚sinnlich-materialistischen' Wahrnehmung der uns umgebenden real existierenden Gesamtwelt ‚gebastelt'.
An Hand dieses (vereinfachten) Modells wollen wir nun gemeinsam versuchen, uns dem Verständnis dieser Wahrnehmungsebene zu nähern und versuchen, ein erstes Verständnis zu unseren bisherigen Inkarnationen zu gewinnen. Wir werden dabei auch die Frage beantworten, warum wir uns bisher noch nicht an frühere ‚Leben' auf dieser Erde erinnern können.
Wie es uns seit unserer Geburt in dieses aktuelle Leben auf dieser Erde ‚allgegenwärtig' ist, gilt auch für den Reiter der ‚sinnlich-materialistischen Wahrnehmung' die Beschränkung, sich stets nur in Richtung Zukunft bewegen zu können. Ein ‚Zurückgehen' in unsere ‚Vergangenheit' ist derzeit und, solange wir nicht unseren WILLEN dazu einsetzen, uns an frühere Ereignisse dieses Lebens bewusst erinnern zu wollen, derzeit (noch) nicht möglich.
Bevor wir mit den ersten Versuchen unseres ‚Wirklichkeitsstrahls' beginnen, wollen wir noch einmal die Grundlagen dieses (vereinfachten) Modelles kurz zusammenfassen:

- der Strahl umfasst zunächst einmal insgesamt vier Inkarnationen, oder wenn man so will, Leben auf dieser Welt
- diese sind mit den Ziffern 1 bis 4 gekennzeichnet
- sichtbar ist für uns jedoch OHNE jegliche Willensanstrengung nur der in unserem Fenster sichtbar gewordene Bereich des aktuellen Lebens; alle anderen

Bereiche und ‚Leben' sind für uns so nicht sichtbar und somit auch nicht von uns erkennbar

- der Reiter unterliegt der Beschränkung, sich ausschließlich und durch uns scheinbar unaufhaltsam in der ‚Zeit' nach vorne zu bewegen. Die ‚sinnlich-materialistische Wahrnehmung' unterliegt somit VOLLSTÄNDIG den Zwängen der ‚Jetzt-Zeit' und des ‚Hier-Raumes'.

Basierend auf unserer Start-Annahme, dass Sie sich gerade im zweiten Leben und im Erwachsenenalter befinden, lassen Sie uns den Reiter somit auch dorthin bewegen:

<-- Der Reiter sollte sich jetzt in etwa an dieser Stelle befinden.

<-- Wir können somit den gesamten Bereich unseres ‚Erwachsen-seins' überblicken und eine schwache Erinnerung an die zeitlich letzten Ereignisse unserer Jugend erkennen.

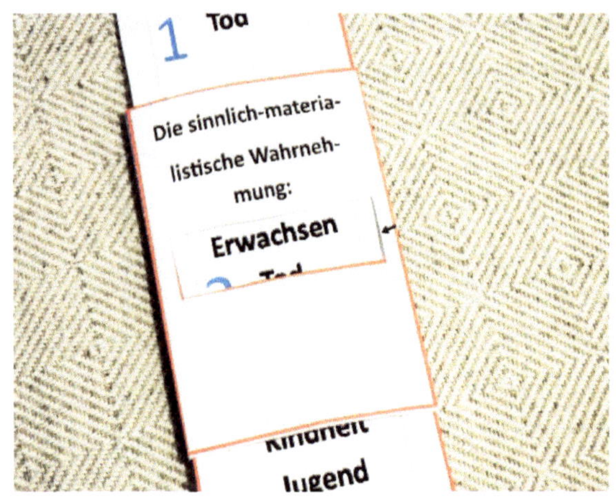

<-- Kommen Menschen, welche sich bereits von allen negativen (dunklen) Eigenschaften befreit haben, an das Ende ihres aktuellen Lebens, tritt bereits eine ruhige Klarheit in ihr Denken, Fühlen und Handeln. Der Tod als solcher hat alle vermeintlichen Schrecken für sie verloren [12]

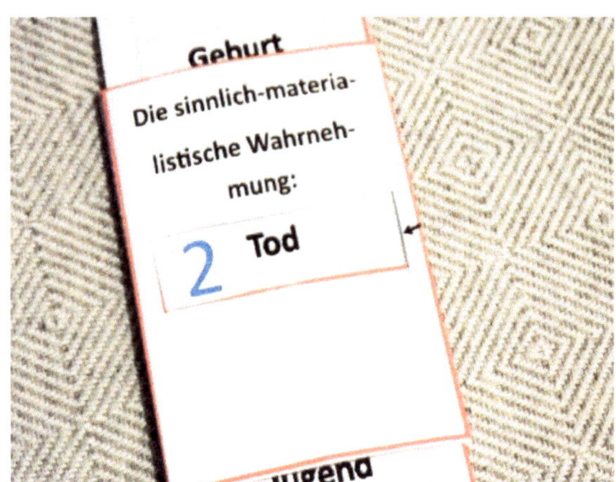

<-- Diesen Menschen offenbart sich im Moment, wenn wir dieses Leben verlassen und der Tod an die Stelle unseres unsterblichen ‚ICH-SELBST' nunmehr in diese sterbliche Hülle unseres irdischen Körpers eintritt, dass dieses Leben nicht das Einzige für uns gewesen ist (hier klar erkennbar: die zweite Inkarnation unserer Seele auf Ihrem Weg zur Erfüllung unseres Weges als Menschen).

---

[12] „So ist der Tod, das schrecklichste der Übel, für uns ein Nichts: Solange wir da sind, ist er nicht da, und wenn er da ist, sind wir nicht mehr". [hier] Epikur

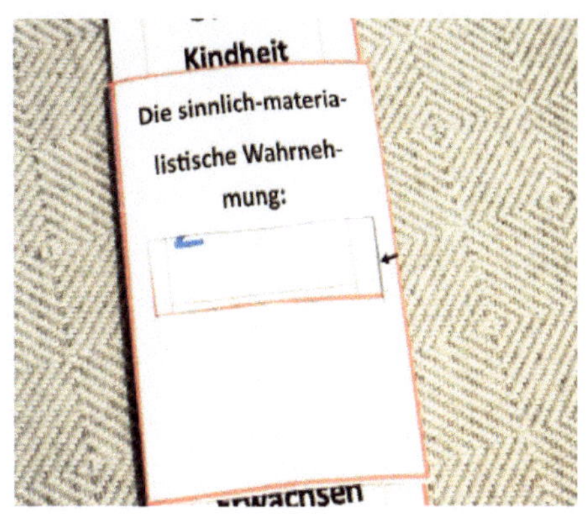

<-- In dem Moment, wenn wir als ICH-SELBST diesen irdischen Körper vollständig verlassen, haben unser unsterbliches ICH-SELBST, unser Geist und unsere SEELE, die Wahl, einen neuen ‚Lebens-Keim zu ergreifen', um wieder auf dieser Welt inkarniert zu werden (durch die rote Linie symbolisiert). Auch hier hat der Volksmund eine passende Redewendung parat. Was denken Sie, könnte wohl das nachfolgende Sprichwort meinen?

„Sie überschreiten eine rote Linie damit..."
Deutsches Sprichwort

<-- Das Ergreifen des neuen irdischen Lebenskeims bedingt und ermöglicht demjenigen eine weitere Inkarnation, eine weitere ‚Geburt' auf dieser Welt.

Seien Sie sich jedoch immer gewiss: auf diesem Erkenntnisstand ergreift der nunmehr körperfrei gewordene Mensch [13] regelmäßig diesen neuen Lebens-Keim. Die irdische Erinnerung daran, wie auch jegliche andere irdische Erinnerung an das **frühere** Leben, verschwinden jedoch mit dem Überschreiten dieser ‚Roten Linie' aus dem irdischen Bewusstsein.

[13] siehe auch Kapitel: ‚Die Kunde vom körperfreien Menschen' dieses Buches

Zweiter Teil

Auf dem Weg zur göttlichen Erkenntnis

„Auf die Haltung allein kommt es an. Denn nur sie allein ist von Dauer und nicht das Ziel, das nur ein Trugbild des Wanderers ist, wenn er von Grat zu Grat fortschreitet, als ob dem erreichten Ziel ein Sinn innewohnte."
Antoine de Saint-Exupéry

Auf dem Weg zum Erkennen der ‚göttlichen URSACHEN' der uns umgebenden Erscheinungen

Wie uns schon in den vorangegangenen Kapiteln deutlich geworden ist, können wir die tatsächlichen URSACHEN, die HINTER den ERSCHEINUNGEN, die bis in unsere mit den bisherigen menschlichen Sinnen wahrnehmbare Welt wirken, bisher (noch) nicht wahrnehmen.

So wie bei der Schwarz-Weiß-Fotografie können wir so leider nur ein teilweises Abbild der für uns in unserer Sinneswelt existierenden Farbenpracht wahrnehmen. ‚Farbenblinde' Menschen zum Beispiel können so manche Farbtöne nicht als die uns scheinbar so geläufigen Farben wahrnehmen und sehen so anstelle dieser, wie eben bei der ‚Schwarz-Weiß-Fotografie', nur Grautöne. Bedeutet das nun, dass diese Farben nicht ‚real' existent wären, nur weil diese Menschen diese nicht sehen, nicht wahrnehmen, können? Und genau so, wie in diesem stark vereinfachten Beispiel dargestellt, ist es auch mit unseren auf unsere Sinne begrenzten Wahrnehmungen und der Welt da draußen. Auch wir können, genau wie der Farbenblinde, diese höheren (geistigen) Welten eben (noch) nicht oder nur schemenhaft (zum Beispiel in vermeintlichen Träumen) wahrnehmen. Heißt das nun etwa, dass sich diese, für andere ganz klar erkennbaren und nur für uns (noch) verborgenen Welten deshalb nicht existent wären?

„Unsere Träume sind das, was uns am meisten ähnelt.“
Victor Hugo

Wie bei einem Blinden, der durch eine Operation zum ersten Male in diesem Leben ‚sehend‘ geworden ist, müssen wir unsere ‚Augen‘ und unsere Sinne zum ‚Schauen‘ dieser höheren (geistigen) Welten erst entwickeln, dann diese Sinne für uns öffnen und sie danach auch noch (wie in unserem Beispiel die Wärmebildkamera) zu benutzen lernen.

Wie können wir uns aber jetzt diese ‚göttlichen Sinne‘ vorstellen, wenn uns doch bisher nur unsere sechs Sinne, wie Sehen, Hören, Schmecken, Fühlen und so weiter geläufig sind und wir daher noch keinerlei Vorstellung hiervon entwickeln konnten?

„Das große Bild gibt sich nicht als Bild zu erkennen: es ist. Oder genauer: Du befindest Dich darin.“
Antoine de Saint-Exupéry

Stellen Sie sich vor, ein (möglicherweise göttlicher) Maler habe Sie in sein riesengroßes Gemälde ‚hineingemalt‘ oder hineingestellt. Die von ihm dabei verwendete Leinwand ist in dem Keilrahmen flach aufgespannt und besitzt daher auch nur zwei Ausdehnungen. Die Höhe und die Breite dieses Bildes. Und so sind auch Sie, was Ihnen jedoch zuerst einmal leider nicht selbst auffallen kann, da Ihnen ja die uns scheinbar so geläufige DRITTE DIMENSION FEHLT, leider auch nur als ‚FLACHMENSCH‘ geboren. Sie besitzen in diesem Bild eben auch nur eine Breite und eine Höhe. Mehr noch, Sie haben keinerlei Vorstellung davon, was eine ‚dritte Dimension‘

überhaupt sein könnte. Diese wäre unserer bisherigen ‚Scheinlogik' folgend, somit auch NICHT EXISTENT. Sie schauen sich in dieser (leider nur zweidimensionalen Welt) jetzt rechts und links und unten und oben ein wenig um. Neben sich sehen Sie genau solche ‚Flachmenschen', wie Sie es in diesem Bild auch sind. Diese scheinen gerade als Familie zum Abendessen zusammen zu sitzen. Es gibt dort heute ‚Flachrouladen' mit ‚Flachsoße' und ‚Flachklößen'. :-) Sie sehen dort aber auch Häuser und Bäume und Blumen und Berge, alles das, was uns auch in unserer ‚sinnlich-materialistischen' Welt scheinbar so geläufig ist. Allerdings scheinen wir hier in dieser unserer sinnlichen Welt jeweils über eine Dimension mehr, eben die Erhebung oder auch die Dicke dieser Objekte, zu verfügen.
Der klare Vorteil der zweidimensionalen Welt liegt jedoch darin, dass man dort so viel essen kann wie man möchte, ohne dabei jedoch ‚dicker' zu werden, da diese Dimension ja dort vollständig unbekannt ist und vollständig durch Abwesenheit ‚glänzt'. Sie können dort eben nur in ‚die Breite gehen'. Vielleicht stammt dieser Ausdruck sogar von dort. ;-)

Lassen Sie uns jetzt jedoch zu der WAHREN Bedeutung dieses Bildes für unseren Prozess des ERKENNENS der uns umgebenden GESAMT-Welt kommen.
Wenn Sie ausschließlich in der zweidimensionalen Welt dieses Bildes behaftet bleiben, werden Sie niemals in der Lage sein:

1. zu erkennen, dass dies ein zweidimensionales Bild ist
2. sich über dieses Bild (auch gedanklich) zu erheben
3. dieses Bild als das, was es ist, eben als BILD, von einem HÖHEREN STANDPUNKT aus zu betrachten, UM die BEDEUTUNG oder BOTSCHAFT, die HINTER diesem

GESAMT-BILD oder auch IN diesem GESAMT-BILD verborgen ist, zu begreifen.

Sie können somit:

„Den Wald vor lauter Bäumen nicht sehen."
Deutsches Sprichwort

Und dies sind, wenn auch sehr simpel und vereinfacht dargestellt, genau die Dinge, welche so auch in unserer GESAMT-WELT wirken. In der GESAMT-WELT, von der wir bisher eben auch nur einen sehr kleinen Teil (in unserem Beispiel waren das die zwei Dimensionen ‚Höhe' und ‚Breite') mit unseren sechs Sinnen wahrnehmen können.

Übrigens ist das soeben von uns nachvollzogene Gedankenexperiment dieser nur zweidimensionalen Welt eines ‚Bildes', gar nicht so abstrakt, wie man vielleicht zuerst anzunehmen gewillt war.
Solche ‚zweidimensionalen Welten', welche uns jedoch scheinbar so ‚geläufig' und so ‚real' vorkommen, gibt es tatsächlich auch in IHREM Alltag. :-)
Was meinen Sie, worum könnte es sich hierbei wohl handeln?
Nun, immer wenn Sie einen Sie positiv emotional berührenden Film im Kino oder im Fernsehen anschauen, tauchen Sie auch in die Welt dieses Filmes komplett ein. Diese Handlung dort wird für Sie zur (scheinbaren) Realität, obwohl uns doch dort, unbestritten und objektiv betrachtet, nur eine zweidimensionale ‚Bilderwelt' gegenübertritt. Sie sind mit Ihrem dreidimensionalen Denken in dieser zweidimensionalen ‚Bilder-Welt' unterwegs und haben

trotzdem den Eindruck, sich in einer dreidimensionalen Welt zu bewegen.
Mehr noch; während Sie so in diese Handlung ‚eingetaucht' sind, hat die Sie umgebende Umwelt jegliche Bedeutung für Sie verloren. Sie nehmen nicht einmal mehr zum Beispiel den Fernseher als Fernseher, in welchem dieser Film ja abläuft, war.

Was ist während dieses Filmes jetzt zur (scheinbaren) ‚Realität' für Sie geworden'? Der Fernseher als Fernseher, oder wohl eher die Handlung dieses Filmes? Dieses Filmes, dessen Einzelbilder ja eben auch nur jeweils eine Höhe und eine Breite besitzen und denen somit die uns scheinbar so geläufige dritte Dimension fehlt.
Und, um es noch einmal exakt auf den Punkt zu bringen; Sie haben die zweidimensionale Welt aus Breite und Höhe dieses Filmes soeben als dreidimensionale REALITÄT erlebt, obwohl dort niemals eine DRITTE Dimension vorhanden war.
Oder, um es noch genauer zu beschreiben; der Film, welchen Sie sich gerade angesehen haben, ist eben auch nur ein WEITERES Beispiel für ‚Maya' [14]. Für die uns umgebende Scheinwelt, die den eben noch nicht kritisch hinterfragenden Menschen tagtäglich umgibt und meistens von diesem nicht einmal als solche wahrgenommen wird. Da diese, soeben von uns erarbeiteten, Erkenntnisse von enormer Wichtigkeit für unseren weiteren Weg zur Liebe und zum wahren Licht sind, werden wir darauf in einem weiterführenden Buch dieser Reihe nochmals vertiefend darauf zurückkommen.

---

[14] siehe auch Kapitel: ‚Über die Scheinwelt um uns oder alles ist Maya' dieses Buches

Wie können wir jetzt aber die oben unter den Punkten 1-3 aufgeführten Dinge für uns umsetzen?

Als Erstes muss man ehrlich und ernsthaft erkennen (wollen), dass dies ein Bild ist. In unsere ‚sinnlich-materialistische' Welt übertragen bedeutet dies, dass wir uns dem WISSEN öffnen müssen, dass diese uns umgebende Welt nur ein (kleiner) Teil der uns real umgebenden GESAMTWELT ist. Der Volksmund sagt dazu: ‚Man muss sich im Kopf darüber klar werden'. In unserem Beispiel vom zweidimensionalen Bild ist dies das WISSEN und die GEWISSHEIT darüber, dass es mindestens eine weitere (hier: dritte) Dimension gibt und diese auch um mich herum real existent ist. Selbst dann, wenn ich diese mit meinen mir bislang zugänglichen (irdischen sechs) Sinnen scheinbar nicht erkennen kann. ‚Scheinbar' daher, weil ich manche Erscheinungen dieser höheren Welt durchaus in meiner bisherigen Welt, der Welt der irdischen sechs Sinne, ‚erspüren' oder auch bemerken kann, wenn nur der feste Wille und meine feste Entschlossenheit dazu in mir vorhanden sind. Denn es gibt bereits schon in der uns ach so geläufigen irdischen Welt unserer sechs Sinne Beispiele für die in uns (im Moment noch) verborgenen göttlichen Sinne und die uns umgebende göttliche Kraft.

Ein einfaches Beispiel soll uns dies verdeutlichen:

Vielleicht ist es Ihnen schon einmal passiert, dass Sie allein auf einer unbelebten Straße unterwegs waren. Plötzlich haben Sie ‚das Gefühl', dass Sie irgendjemand beobachtet. Sie drehen sich um und schauen ZIELGERICHTET zu einem Fenster im zweiten Stockwerk eines Hauses HINTER Ihnen. An diesem Fenster sehen Sie einen Menschen, der unverwandt zu Ihnen herunterblickt.

Was ist hier geschehen?

Bekannter Weise haben wir an unserem Hinterkopf keine ‚Augen', also auch keinen der sechs irdischen Sinne und dennoch haben wir ‚das Gefühl' gehabt, dass uns jemand von hinten und sogar von einem erhöhten Standort aus beobachtet. Mehr noch, wir haben unseren Augen-Blick, bereits noch im Umdrehen begriffen, diesem Menschen dort oben ZIELGERICHTET zugewendet.
Und so ist es auch immer, wenn wir ‚so ein Gefühl in uns haben', dass wir irgendetwas tun oder eben auch irgendetwas unterlassen sollen. Hier sprechen unsere, im Moment noch dem BEWUSSTEN Erkennen verborgenen, GÖTTLICHEN SINNE zu uns. Immer, wenn wir unserer Intuition, unserem Gefühl und unserem Geist folgen, spricht das GÖTTLICHE in uns direkt zu unserem irdischen Bewusstsein.

Werden Sie sich einfach dieser göttlichen Sinne in uns jeden Tag immer wieder bewusst.

Mit diesen göttlichen Sinnen können wir sogar bereits JETZT schon mit anderen Menschen kommunizieren. Zumindest bereits in der Form, dass unser Kommunikationsversuch von diesen wahrgenommen wird. Dieser Vorgang ist im Allgemeinen heute schon von allen Menschen, welche im guten oder zumindest schon im neutralen Seelenbereich behaftet sind, möglich. Probieren Sie es einfach einmal aus. Lassen Sie sich jedoch auf garkeinen Fall von der im Straßenverkehr erforderlichen Vorsicht und Rücksichtnahme ablenken. Der Verfasser übernimmt ausdrücklich hierfür keinerlei Haftung.

Der Versuch:
Fahren Sie mit Ihrem Auto auf einer absolut freien Straße mit normaler Geschwindigkeit. Wenn Sie jetzt auf der ANDEREN Straßenseite auf dem Fußweg eine Person sehen, welche in die

gleiche Richtung geht (Ihnen also den Rücken zuwendet) wenden Sie dieser Person Ihre Gedanken zu. Konzentrieren Sie Ihren Fokus auf diese Person und auf den Gedanken, dass Sie mit dieser Person kommunizieren wollen. Schauen Sie diese Person dabei unverwandt an. Achten Sie jedoch darauf, dass Sie alle notwendige Vorsicht, welche im Straßenverkehr erforderlich ist, immer dabei walten lassen.
Was, denken Sie, wird wohl passieren?

Wir wollen uns jetzt jedoch wieder den weiteren oben unter den Punkten 2-3 aufgeführten Dingen und deren Umsetzung für uns zuwenden:
Man muss lernen, sich zumindest gedanklich über dieses, leider nur zweidimensionale, Bild zu erheben. Wenn man die reale Existenz dieser höheren Gesamtwelt erkannt oder zumindest auch nur erst einmal für sich ‚akzeptiert' hat, ist man bereits schon in der Lage, sich gedanklich über dieses zweidimensionale ‚Bild', die ausschließliche Teil-Welt unserer ‚sinnlich-materialistischen Wahrnehmung', zu ERHEBEN.Dies ist einfacher, als man denkt. Denn bereits von dem Moment an, wenn wir tief in uns zu ‚spüren' beginnen, dass diese GESAMTWELT WAHRHAFTIG für uns EXISTENT ist, wird dies zu einem sich selbst erfüllenden Prozess, zu einer sich selbst erfüllendem Prophezeiung. [15]

Wenn wir jeden Tag, jede Stunde und jeden Augenblick unseres Daseins auf dieser Erde die tatsächliche Existenz dieser höheren (weil geistigen) Welten leben und zu ERLEBEN beginnen,

---

15 Siehe auch das entsprechende Kapitel dieses Buches – ‚The ‚Self fullfilling prophecy' – die selbsterfüllende Prophezeiung'

entwickeln sich in uns die Sinne, die uns ermöglichen, die (höhere) Sicht, in unserem Beispiel war dies die dritte Dimension, auf diese Dinge zu gewinnen. Mit jedem Tag werden sich uns die Tore zum Verständnis und zur Erkenntnis dieser uns bestimmten realen Gesamtwelt immer weiter und weiter öffnen und so den Weg frei machen zu dem uns bestimmten letzten und golden leuchtenden Tor mit der Aufschrift ‚Ziel Deines Lebens'. Die ‚Techniken' dieses zu erreichen sind so verschieden, wie wir Menschen Individuen sind. Eines ist jedoch allen diesen Wegen immer gleich geblieben, der **WILLE** und die **Entschlossenheit**, sich über diese beschränkte Welt des irdischen Daseins als **MENSCH** zu erheben.

„Der WILLE versetzt Berge."
Deutsches Sprichwort [16]

Der WILLE, unser unumstößlicher und durch nichts zu erschütternder WILLE und unsere feste Entschlossenheit, ist somit die entscheidende Kraft in uns, um diesen Weg weiter zu beschreiten.
Und so wollen wir uns jetzt noch einmal gemeinsam unserem im Kapitel: **Von der Idee der ‚real existierenden Gesamtwelt'** gebasteltem Modell des ‚Wirklichkeitsstrahles' zuwenden. Was würde die Anwendung der eben von uns erarbeiteten Erkenntnisse jetzt wohl auf unser Modell des ‚Wirklichkeitsstrahles' bedeuten? Nun zuerst einmal müssen wir uns absolut klar darüber sein, dass wir unter Anstrengung unseres maximal möglichen WILLENS jeweils einen größeren Zeitraum dieses irdischen Lebens überblicken können. So können wir uns auch im Allgemeinen

---

[16] Deutsches Sprichwort, mit hoher Wahrscheinlichkeit in Anlehnung an die Bibel, Neues Testament, Matthäus 21,21

WILLENTLICH an zeitlich weiter **zurückliegende** Ereignisse oder aber auch an räumlich weit entfernte Orte, welche uns jedoch aus unserer **Vergangenheit** bekannt sein müssen, in unserem Denken versetzen. Der neue ‚Reiter' müsste somit zuerst einmal über ein **größeres** ‚Fenster' verfügen.
Die bisherige Beschränkung, des ersten ‚Reiters' immer nur weiter in der Zeit nach vorne gleiten zu können, ist durch unser FREIES und WILLENTLICHES Denken, zumindest in gewissen Grenzen, aufgehoben.

An einem einfach nachzuvollziehenden Beispiel wollen wir uns dieses verdeutlichen:
Dazu benötigen wir eine halbvolle Flasche Mineralwasser und ein leeres Glas passender Größe. Gießen Sie jetzt bitte den gesamten Inhalt der Flasche in das Glas vor Ihnen. Keine Bange, das Glas wird zwar gut gefüllt sein, läuft aber nicht über. ;-)
Trinken Sie jetzt das Glas in kleinen Schlucken langsam aus. Beobachten Sie dabei, wie das Wasser Schluck für Schluck langsam und erfrischend die Kehle hinabrinnt. Wohltuendes und wohlschmeckendes Wasser ist das. Stellen Sie das nunmehr leere Glas vor sich auf den Tisch, direkt neben die ebenfalls leere Wasserflasche.

Schließen Sie jetzt die Augen. Atmen Sie ruhig ein und aus. Der Fokus liegt dabei jedoch nur auf dem **Ausatmen.**
Warten Sie geduldig, bis alle Gedanken in Ihnen vollständig zur Ruhe gekommen sind.
Nehmen Sie jetzt in Gedanken die halbgefüllte Flasche Mineralwasser und gießen Sie den Inhalt langsam in das leere Glas. Das Wasser rinnt und fließt langsam aus der Flasche und füllt das

Glas immer mehr und mehr. Stellen Sie die nunmehr leere Flasche auf den Tisch zurück. Nehmen Sie das Glas und trinken Sie das wohlschmeckende Wasser in kleinen Schlucken. Langsam rinnt das kühle und erfrischende Wasser ihre Kehle hinab...
Auch wenn Ihnen dieses Gedankenexperiment vielleicht etwas ‚trivial' [17] vorkommen mag, haben wir uns doch soeben, zumindest in Gedanken, rückwärts in der Zeit bewegt. Es war uns möglich, die von uns bereits geleerte Flasche Mineralwasser nochmals zu füllen und deren Inhalt, zumindest in unserer Gedankenwelt, nochmals zu trinken. Seien Sie sich jedoch gewiss: auch wenn uns dies im Moment vielleicht noch nicht vollständig klar geworden sein sollte, ganz so ‚trivial' wie es vielleicht oberflächlich betrachtet erscheint, ist dies tatsächlich nicht.

„Wenn ein Mensch in seiner Dachkammer ein Verlangen hegt, das stark genug ist, setzt er von seiner Dachkammer aus die Welt in Brand.
Antoine de Saint-Exupéry

Wenn wir diese Erkenntnis jetzt auf unseren **neuen** ‚Reiter' beziehen, können wir uns das so vorstellen, dass der ‚Reiter' in der ‚Gegenwart' [18] mit einem ‚Gummiband' befestigt ist. Je mehr wir unseren Willen anstrengen, desto weiter können wir das ‚Gummiband' dehnen und uns so von der ‚Gegenwart' entfernen. Lassen wir jedoch mit unserer Willensanstrengung nach, wird der ‚Reiter' sofort und unmittelbar wieder in die ‚Jetzt-Zeit' und den ‚Hier-Raum' zurückgezogen. Allerdings ist dies auf dieser Stufe

---

[17] ‚trivial' meint hier so viel, wie: einfach oder schlicht

[18] ‚Gegenwart' bedeutet hier: ‚aktueller Raum' und ‚aktuelle Zeit' nach sinnlich-materialistischer Sichtweise oder auch: ‚Hier-Raum' und ‚Jetzt-Zeit'

unserer Erkenntnis nur in **eine** Richtung möglich. In Richtung **Vergangenheit**. Beachten Sie bitte auch, dass das ‚Gummiband' nicht endlos dehnbar ist. Und so können wir uns niemals so weit über den Zeitpunkt unserer ‚Geburt' in Richtung vorhergegangene Inkarnation hinausbewegen, dass wir diese so erreichen könnten. Wir können somit auf DIESER Stufe unserer Erkenntnis (noch) keine vorhergegangenen Inkarnationen betrachten.

Lassen Sie uns nun den bisherigen ‚Wirklichkeitsstrahl' durch den ‚WIRKLICHKEITSSTRAHL DER ERKENNTNIS UNSERER DERZEIT MAXIMAL MÖGLICHEN WILLENSANSTREGUNG' ersetzen.
Bereiten Sie den auf der Buchseite 57/58 abgedruckten **neuen** ‚Wirklichkeitsstrahl' in der uns bereits bekannten Art und Weise vor.

Viel Spaß beim basteln. :-)

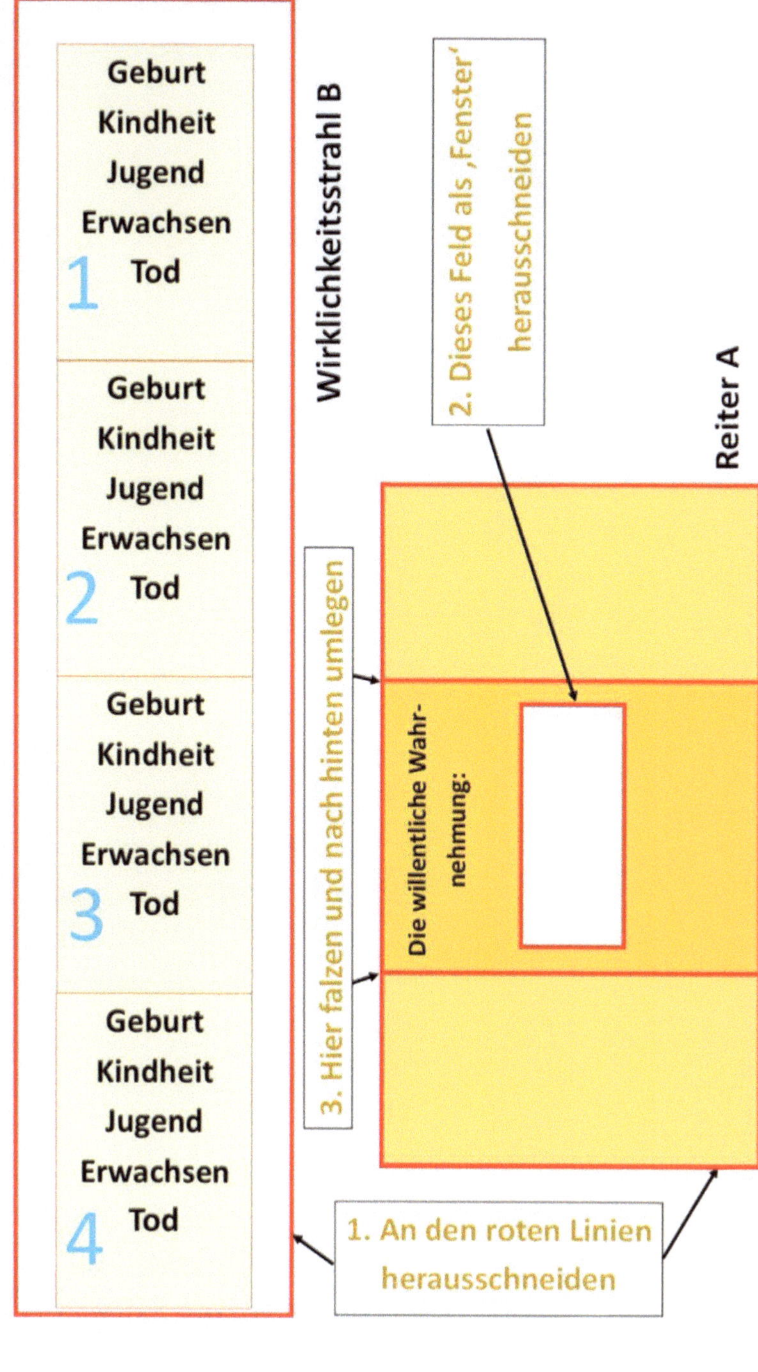

Geburt
Kindheit
Jugend
Erwachsen
Tod
1
Geburt
Kindheit
Jugend
Erwachsen
Tod
2
Geburt
Kindheit
Jugend
Erwachsen
Tod
3
Geburt
Kindheit
Jugend
Erwachsen
Tod
4
Wirklichkeitsstrahl B
2. Dieses Feld als ‚Fenster' herausschneiden
Reiter A
3. Hier falzen und nach hinten umlegen
Die willentliche Wahr-nehmung:
1. An den roten Linien herausschneiden

Experimente mit dem ‚Reiter der maximal möglichen Willensanstrengung als Mensch'

Lassen Sie uns zunächst mit derselben Startbedingung, wie schon bei unserem ‚Wirklichkeitsstrahl der sinnlich-materialistischen Wahrnehmung' beginnen:

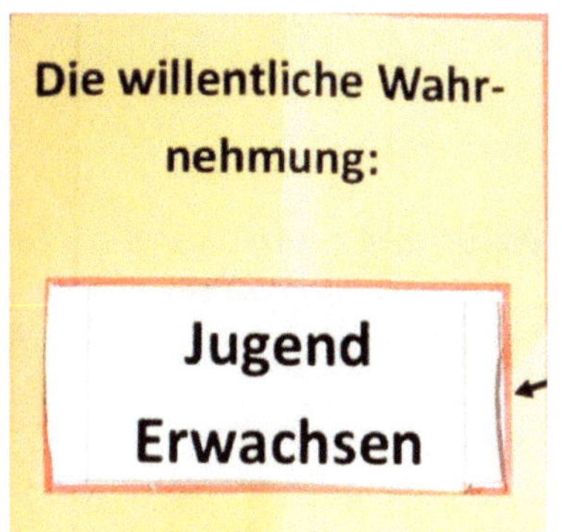

<-- Unseren Reiter stellen wir dazu wieder auf das ‚2. Leben' und dort auf den Bereich: ‚Erwachsen'. Was uns dabei jedoch sofort auffällt ist, dass uns auch der gesamte Bereich unserer vorangegangen ‚Jugend' durch unsere Willensanstrengung zugänglich geworden ist. Oder anders formuliert: wir können jeweils durch unsere Willensanstrengung einen größeren Bereich unseres bereits vergangenen Lebens dabei überblicken (uns daran mühelos erinnern).

Dies gilt ebenso für die noch weiter **zurückliegende** Kindheit. Mehr noch, bei äußerster Willensanstrengung ist es bereits den besonders weit entwickelten Menschen möglich, sich gedanklich darüber hinaus bis zu ihrer Geburt in dieses Leben zu bewegen.

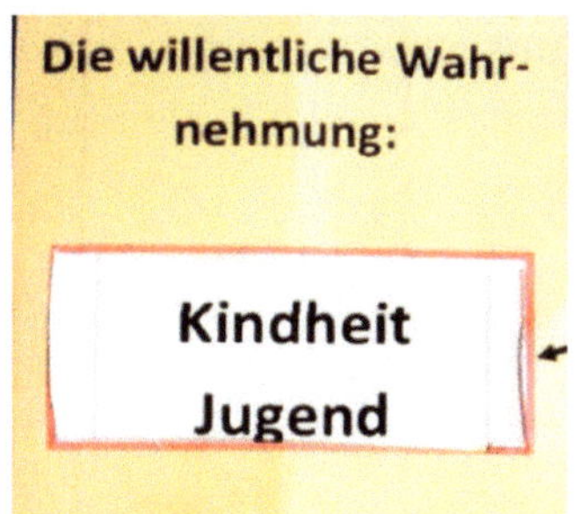

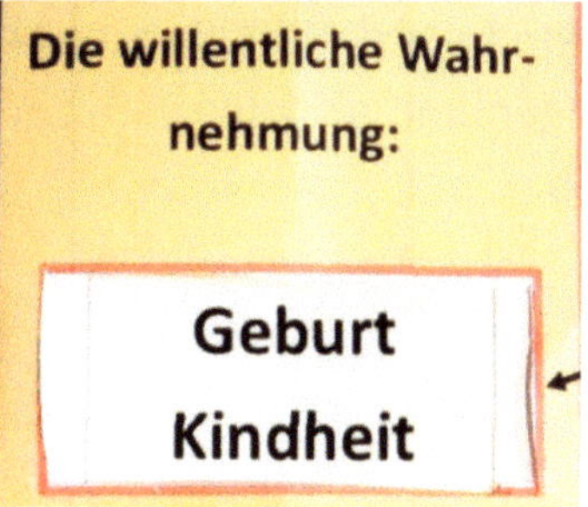

Da jedoch auch dieser Erkenntnisstand im Wesentlichen ‚Raum' und ‚Zeit' unterliegt, ist ein Blick in die Zukunft, also in die ‚Zeit' die unserer ‚Jetzt-Zeit' nachfolgen wird, derzeit noch nicht möglich **Davon gibt es jedoch bereits heute schon eine bedeutende Ausnahme: Allen Menschen, die sich bereits weitestgehend von den negativen (dunklen) Eigenschaften frei gemacht haben, ist am Ende Ihres ‚Lebens' ein besonderer Blick auf einen Teil des ‚göttlichen Erkennens' möglich.**

Am Ende dieses irdischen Lebens gibt es für uns einen Moment, in dem die ‚Bilder unseres Lebens, wie ein Film an uns vorüber ziehen', wie aus Nahtod-Erfahrungen heraus berichtet wird. In

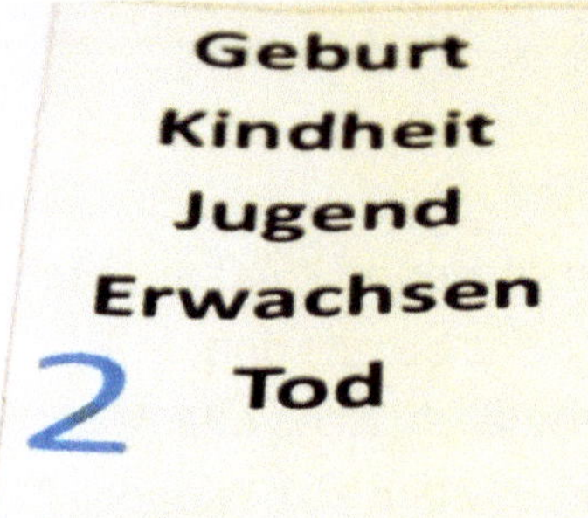

diesem kurzen Moment sind wir in der Lage, dieses gerade vergehende Erden-Leben (diese Inkarnation) vollständig und losgelöst von den bisherigen Beschränkungen dieses Wirklichkeitsstrahls zu überblicken. Dies gilt jedoch nur und AUSSCHLIESSLICH für die gerade beendete Inkarnation. Darüber hinaus ist uns, sowohl in die Vergangenheit, als auch in die Zukunft hinein, keinerlei Erkenntnis möglich.

Die Kunde vom ‚körperfreien Menschen'

Ein Beispiel mit einem rotem und einem blauen Kleid soll uns dabei helfen, die ‚Kunde vom körperfreien Menschen' für uns leichter und einfacher verstehen zu können.
Angenommen, dass sie erst vor einer relativ kurzen Zeit in eine kleine Stadt umgezogen sind, in der Sie niemand bisher näher kennt. Wenn Sie nun seit dem Zeitpunkt, an dem Sie in diese kleine Stadt gezogen sind, stets und ständig ein rotes Kleid in der Öffentlichkeit getragen haben, werden Sie von den Einwohnern, den Menschen in dieser Stadt, auch stets nur als ‚die Frau im roten Kleid' wahrgenommen. Ihre wahre Person und Identität, also ihr tatsächliches ‚Ich-Selbst', bleibt hinter dieser sinnlich-materialistischen Wahrnehmung (Erscheinung) verborgen. Was denken Sie, wird geschehen, wenn Sie heute ausnahmsweise in einem blauen Kleid und mit einer anderen Frisur durch diese Stadt flanieren? Wird Sie wohl heute jemand, wie bisher immer, als ‚die Frau in dem roten Kleid' erkennen? Wahrscheinlich eher nicht.
In der Wahrnehmung nach außen erscheinen Sie als **ZWEI** unterschiedliche Personen, obwohl sich doch in Wirklichkeit Ihr **von Ihnen selbst wahrgenommenes ‚Ich-Selbst'** niemals verändert hat.
Und so, wie in diesem stark vereinfachten Beispiel, können wir uns auch den Weg unseres ‚Ich-Selbst' durch die bereits hinter uns liegenden Verkörperungen auf dieser Welt näher bringen. Die irdischen Körper wären unsere verschiedenfarbigen Kleider, unser unsterbliches ‚Ich-Selbst' (die Wahrnehmung unseres ‚ICH' durch uns selbst) ist dann die Frau in (oder hinter) diesen Kleidern.
So einfach dieses Beispiel uns auch erscheint, es erklärt doch auch auf sehr einfache Art und Weise, warum wir uns mit unseren bisherigen irdischen Sinnen nicht an diese zurückliegenden

Verkörperungen (Inkarnationen) erinnern können. In unserem vereinfachten Beispiel weiß ja das rote Kleid auch nichts von der Existenz (dem Leben) des blauen Kleides, da wir ja NIEMALS BEIDE Kleider zugleich getragen haben.

Warum erinnern wir uns jetzt aber in diesem Leben nicht an die Erfahrungen und Begebenheiten aus früheren Inkarnationen? Beim Verlassen unseres derzeitigen irdischen Körpers (im sinnlich-materialistischen Sprachgebrauch auch als ‚Tod' bezeichnet) werden, stark vereinfacht dargestellt, unsere irdischen Erinnerungen an dieses vorangegangene ‚Leben' in eine höhere Bewusstseins-Ebene übertragen. Genauer gesagt, in eine höhere Bewusstseins-Ebene KOPIERT. Die Schilderung von Personen mit einer ‚Nahtoderfahrung', dass ‚die Bilder ihres Lebens, wie in einem Film an ihnen vorbeigezogen sind' ist eine der möglichen (subjektiven) Wahrnehmungen dieser ‚Übertragung' auf eine höhere (weil geistige) Ebene. Mit unseren ausschließlich irdischen Sinnen einer nun folgenden Verkörperung (Inkarnation) können wir diese ‚erhöhten' Erinnerungen nunmehr nicht mehr erreichen. Wir sprechen daher meist davon, dass wir uns an nichts mehr aus früheren Inkarnationen erinnern können. Die heute weit verbreitete materialistische Denkweise schlussfolgert meist hieraus ‚mit haarscharfer Logik', dass es keine Wiederverkörperungen geben könne, da ja keine Erinnerungen daran existieren würden. Tatsächlich handelt es sich hierbei aber leider auch nur wieder um eine ähnliche Scheinlogik, wie schon in unserem Beispiel vom ‚reinen Mathematiker'. Diese Erinnerungen sind tatsächlich noch immer in unserem ‚Ich-Selbst' vorhanden, wir können sie jedoch im Moment und so lange, bis wir eben unsere Sinne auch auf diese höhere Ebene ‚erhoben' haben, nicht mehr erreichen. Wenn wir

jedoch unsere Sinne auch auf diese höhere Ebene erhoben haben, werden wir uns dieser und den eventuell bereits vorangegangenen Inkarnationen mit Leichtigkeit erinnern können.
Aber auch bereits ohne diese Erhöhung unserer Sinne auf die göttliche Sinnesebene in uns selbst, wirken dieses Erfahrungen und Taten vorangegangener Inkarnationen in uns nach und bestimmen dieses Leben in seinem Verlauf. Die guten Taten vorangegangener Leben werden im ‚Guten' wirken, alle ‚bösen' Taten im ‚Bösen' und solange, bis das negative ‚Karma' vollständig abgetragen und aufgelöst ist. Allerdings wirken diese guten Taten, also die Taten, die der wahren und allumfassenden Liebe tief in uns selbst entspringen, welche somit frei von Egoismus und frei von Selbstbesessenheit sind und aus sich selbst heraus ‚leuchten', zuerst einmal in nachfolgenden Leben nur und ausschließlich ‚schuldabtragend'. Vereinfacht könnte man auch sagen, dass wir zuerst einmal unsere in früheren Inkarnationen angehäuften oder verursachten ‚Schulden' – oder besser: unsere SCHULD - damit ‚bezahlen' oder auch ‚abtragen' müssen. Fast wie mit einem irdischen Geldkredit vergleichbar. Der Begriff der ‚Schuld' kann hier sowohl bedeuten, dass wir in früheren Verkörperungen jemanden zum Beispiel verletzt haben (seelisch und/oder körperlich) oder das wir dort etwas zu früh in Anspruch genommen haben, was zu diesem Zeitpunkt für uns noch nicht vorgesehen war.

„Bitte vergebe uns unsere Schuld, wie auch wir vergeben unseren Schuldigern.“
Die Bibel, Matthäus 6, 12 [19]

[19] Vielleicht ist es interessant, hier einmal darauf hinzuweisen, dass in neueren Übersetzungen des Matthäus-Evangeliums das Wort ‚Bitte' nicht existiert. Sogar im normalen Alltag ist es für uns doch völlig ‚normal', um etwas, was wir bekommen möchten zu ‚bitten'. ‚Gib' mir bitte einmal den Salzstreuer' oder

Lassen Sie uns jedoch noch einmal zu den eigentlichen Vorgängen des ‚Sich-Erinnern-Könnens' an frühere irdische Verkörperungen zurückkehren. Solche Erinnerungs-Vorgänge spielen sich so auch in solchen Menschen ab, die zwar ‚eine Ahnung davon haben', dass sie nachts ‚träumen', sich aber fast nie an diese Träume aus dieser ‚sinnlich-materialistischen' Sichtweise heraus erinnern können.
Dies kann einfach auch nur bedeuten, dass diese ‚Träume' vielleicht gar keine Träume im Sinne der ‚sinnlich-materialistischen' Betrachtungsweise heraus sind, sondern Manifestationen aus einer höheren Ebene heraus. Möglicherweise handelt es sich hierbei sogar um Erinnerungen aus einem früheren Leben, welche auf einer höheren Ebene in unserem ‚Ich-Selbst' wirksam werden oder einfach auch nur immer wirksam geblieben sind.
Die Befreiung unseres Denkens, Fühlen und Handelns aus diesem ‚materialistisch-sinnlichen Denk-Gefängnis' ist somit eine Voraussetzung dafür, uns an ALLE vorangegangenen Inkarnation auch BEWUSST und willkürlich wieder erinnern zu können.

Nach diesen notwendigen Vorbetrachtungen wollen wir uns jetzt dem tatsächlichen Erlebnis des ‚körperfreien Menschen' zuwenden. Eines der uns wohl am meisten prägendsten Erlebnisse auf unserem Weg zu den golden leuchtenden Toren ist mit Sicherheit das Selbst-Erleben des ‚körperfreien Menschen'.
Dieses so außergewöhnliche Erlebnis, welches uns oft schon ganz zu Beginn unseres Weges, oder bereits sogar schon zu einer Zeit, in der wir noch in keinster Weise bereit für dieses Wissen und Erkennen waren, begegnet ist, stellt möglicherweise eine der von

---

‚Gib' mir bitte einmal die Butter' sind so völlig alltägliche Formulierungen für uns. Wie sollten wir dem allerhöchsten Wesen gegenüber hiervon eine Ausnahme machen?

uns als Menschen am leichtesten erkennbaren Manifestationen oder Erscheinungen der geistigen Welt in der uns unmittelbar umgebenden ‚Sinnes'-Welt dar.
Ein Zeichen und ein Signal für denjenigen, der bereit ist, dieses zu erkennen, oder zumindest schon so weit gereift ist, diese Manifestationen unvoreingenommen und offen in seinem Denken, Fühlen und Handeln als tatsächlich existent wahrzunehmen oder zumindest erst einmal überhaupt als ‚real existent' zu AKZEPTIEREN.
Es ist kaum nachvollziehbar, wie viele Menschen bereits diese Manifestationen selbst erlebt haben, ohne sich dessen tatsächlich und in ihrem reinsten Herzen nachhaltig bewusst geworden zu sein. An vielen Menschen gehen diese still und leise vorbei, da die von außen in uns geprägten ‚sinnlich-materialistischen Denkstrukturen' diese als ‚Traum', ‚Tagtraum', ‚Spintisieren' oder als ‚Fiktion' abtun wollen. So wird hier von diesen Menschen zum Beispiel von ‚verstörenden Erlebnissen' oder einem ‚sonderbaren Traum' gesprochen. Weniger freundlich formuliert, werden diese realen Äußerungen der tatsächlichen Ursachen, die HINTER der uns scheinbar so geläufigen Sinneswelt stehen, oft auch als ‚Hirngespinste' abgetan. Meistens sogar von Wesen oder Menschen, die dies besser wissen und den Suchenden damit BEWUSST im Dunkel seines Tages halten wollen.
Folgt man dieser Scheinlogik, bleiben einem die TATSÄCHLICHE Natur und die TATSÄCHLICHEN Ursachen dieser Erscheinungen wieder einmal mehr verborgen, da sie durch ‚sinnlich-materialistische Scheinantworten' negiert und „verneint" [20]

---

[20] „Ich bin der Geist, der stets verneint" – Mephisto zu Faust – Johann Wolfgang von Goethe – Faust Erster Teil

werden. Dann folgen diese manipulierten Menschen wieder einmal mehr nur den anerzogenen ‚sinnlich-materialistischen Anschauungen, Denkweisen und Doktrin'.

An Hand dieser ‚verneinenden' Verhaltensweise kann man schon einmal eine mehr oder weniger konkrete Vorstellung oder doch zumindest eine Ahnung davon entwickeln, welcher Art diese Wesen sind, die hier im Hintergrund am ‚Werkeln' sind.
Lassen Sie sich niemals von anderen ‚tönenden' Stimmen von Ihrem Weg zur Liebe und zum wahren Licht im Dunkel dieses Tages abbringen. Im ersten Buch von John R. McCollins zu dieser Thematik: „Der Weg zur Liebe und zum wahren Licht" haben wir bereits gelernt, dass wir stets dem ersten Gedanken in uns folgen sollen.

„Der erste Gedanke ist immer der Richtige"
Deutsches Sprichwort

Dann sprechen unser Geist und unsere Seele direkt zu unserem Bewusstsein. Denken wir jedoch erst über diesen Entschluss nach, treten an die Stelle dieser WAHRHEIT die uns anerzogenen, von außen geprägten und vielleicht sogar manipulativ veränderten Denkweisen in Aktion. Lassen Sie es niemals mehr zu, dass man Ihre ‚innere Stimme' im Pfuhl eines Dogmas ertränkt.
Um wirklich und selbständig zu erkennen, „...was die Welt im Innersten zusammenhält..." [21] brauchen Sie nicht viel zu tun. Gehen Sie einfach nur UNBEFANGEN und VORBEHALTLOS an diese Dinge heran. Überwinden Sie das in Ihnen erzeugte ‚Schein-Gefängnis' für Ihr Denken, Fühlen und Handeln. Seien Sie OFFEN für diese Ihnen heute wahrscheinlich noch neu und ungewohnt

---

[21] Johann Wolfgang von Goethe – Faust Erster Teil

erscheinenden Dinge, Erscheinungen und Manifestationen. Sprechen Sie einfach mit anderen Menschen, die zum Beispiel einen schweren Unfall erlitten, eine schwere Operation überstanden, oder einfach das erlebt haben, was wir heute allgemein unter dem Begriff ‚Nahtod-Erlebnis' oder das ‚bewusste zeitlich begrenzte Verlassen des irdischen Körpers' verstehen. Sprechen Sie dabei jedoch zuerst IMMER über IHRE Erfahrungen und Erlebnisse in und mit der geistigen Welt. Wenn sich Ihnen die betreffende Person danach vertrauend öffnet, werden Sie erstaunt sein, wie genau sich IHRE Erfahrungen mit denen dieses anderen Menschen ‚decken' werden.

Vom Erlebnis des ‚körperfreien Menschen'

Was ist jetzt aber dieses ‚Erlebnis des körperfreien Menschen' und was bedeutet es für uns, die wir uns auf den Weg zur Liebe und zum wahren Licht begeben haben? Für uns, die wir diesen Weg aus reinstem Herzen heraus und frei von allen dunklen Gedanken zunächst einmal nur **bis** zu den ‚golden leuchtenden Toren' weiter verfolgen wollen (und können)? Für uns, die wir diesen Weg NICHT aus Neugier, NICHT aus reinem Wissensdrang und NICHT zur Befriedigung irgendeines Egos beschreiten werden?

Das nachfolgende Kapitel will den Versuch unternehmen, Ihnen dieses Erlebnis in der maximal möglichen Unbefangenheit und Neutralität nahe zu bringen. In den Menschen, die, ob nun bewusst oder im Moment noch unbewusst, bereits einmal ein solches Erlebnis durchleben durften, wird das nachfolgende Kapitel die in diesem Erlebnis enthaltenen positiven Energien für diese Menschen aktivieren. Und dies selbst dann, wenn Sie sich dieses Erlebnisses bisher noch nicht SELBST BEWUSST geworden sind. Dieses Erlebnis wird so zum Kraftquell auf dem Weg der Liebe und des wahren Lichtes. Auf IHREM Weg bis hin zu den golden leuchtenden Toren mit der Aufschrift: ‚Ziel Deines Lebens'.

Lesen Sie diesen Abschnitt jedoch NIEMALS, wenn Sie zum Beispiel nur auf der Suche nach ‚esoterischen Abenteuern' oder ‚magischen Erkenntnissen' sind.

Das Erleben des ‚körperfreien Menschen‘

Wenn sie völlig unvoreingenommen und offen diesen Erscheinungen gegenüber sind, können die nachfolgend geschilderten drei Fälle Ihnen dabei helfen, sich diesen Vorgängen, welche bei einem kurzzeitigen und uns **bewussten** ‚Körperaustritt‘ ablaufen, zu nähern.
Allen diesen Fällen ist gemeinsam, dass unser Bewusstsein, also die Selbstwahrnehmung unseres ICH-Selbst den irdischen Körper dabei verlässt. Dieser wird in der Regel von unserem ICH-Selbst VON AUSSEN betrachtet. Diese Betrachtung erfolgt immer absolut neutral, beobachtend und emotionslos.

Dem Verständnis, warum dies so ist (und tatsächlich und wahrhaftig auch so sein muss) wollen wir uns in dem später noch folgenden Kapitel dieses Buches ‚Über den Vorgang des Erkennens‘ nähern.

Erstes Beispiel:

Bei unserem ersten Beispiel eines bewussten und zeitlich begrenzten Körperaustrittes handelt es sich um eine sehr frühe Kindheitserinnerung. Was aber tatsächlich das wirklich Außergewöhnliche dieser Erinnerung darstellt ist, dass es sich um eine Sequenz aus einem Lebensalter von etwa einem halben bis einem Jahr irdischen Daseins handelt. Ein Altersbereich also, aus dem uns sonst und im Allgemeinen KEINERLEI **bewusste** Erinnerungen zugänglich sind. Die Person schildert den Vorgang so: „Plötzlich ist es mir, dass ich seitlich durch die Luft zu schweben scheine. Schwerelos und ohne jegliche Gefühlsempfindungen. Nur dieses ‚Bild‘ ist vor mir... und in mir wirksam. Ich befinde mich in einem dunklen Raum oder einem dunklen Zimmer. Vor mir ist ein

Tisch zu sehen, auf dem ein Kleinkind liegt und wohl gerade neu ‚gewickelt' wird. Links neben dem Tisch ist eine Tür. Irgendwoher weiß ich, dass man durch diese Tür in einen kleinen und einfach angelegten Garten kommt. Das Kind dort vor mir, bin ich, da meine Bewegung durch diesen Raum von dort aus ihren Ausgang genommen hat. In meiner Wahrnehmung erlebe ich mich jedoch neutral als erwachsenes und denkendes Wesen. Meine Mutter sagt etwas in den Raum, was ich jedoch nicht verstehen kann. Dann löst sich dieses Bild schlagartig in Dunkelheit auf."

Ein solches, zugegebenermaßen in diesem geschilderten Kleinkindalter sehr außergewöhnliches Erlebnis, kann auf eine besondere ‚Veranlagung' der in diesem Kind inkarnierten Seele hindeuten. Meist handelt es sich hierbei um eine bereits in vielen Inkarnationen ‚gereifte' Seele. Es ist nichts Außergewöhnliches, dass solche ‚Veranlagungen' dabei über weite Zeiträume des irdischen Daseins sozusagen wieder zurück in das unseren sechs Sinnen ‚Unsichtbare' und ‚Verborgene' abtauchen. Diese Art Erinnerung ‚schlummert' dann so zusagen in uns, um dann im Moment der eigentlichen ‚Aufgabe' aus dem ‚Dunkel' unserer irdischen Wahrnehmung wieder in das Licht der Erkenntnis hervor zu treten.

Zweites Beispiel:

Das zweite Beispiel, hier während einer Operation, wird von der Person folgendermaßen geschildert. Die Person erlebt die Vorbereitungen zur eigentlichen Operation (Transport zum OP, Übergabe in der OP-Schleuse, Platzierung auf dem OP-Tisch usw.) wie erwartet. Nach Injektion des Narkosemittels in den in der Hand gelegten Zugang schwindet der Person schlagartig das irdische Bewusstsein. Mitten in der OP ‚erwacht' unsere Person jedoch und sieht „...auf einem Monitor sitzend, welcher an der Decke angeschraubt scheint..." eine menschliche Gestalt dort auf dem OP-Tisch liegen. Es herrscht ein „...hektisches Treiben, der um den OP-Tisch stehenden Ärzte und Schwestern...". Dann endet diese Erinnerungssequenz.
Nach der Operation erfährt diese Person, dass es während der OP eine ‚Komplikation' gegeben habe. Die OP hatte somit ungefähr sechs Stunden, statt der geplante zwei bis drei Stunden, gedauert.

Drittes Beispiel:

Das hier nachfolgende dritte Beispiel weicht signifikant von den beiden bereits geschilderten Vorgängen ab. Hierbei handelt es sich nicht nur um ein ‚Austreten' oder ‚Herausschweben' aus dem irdischen Körper, sondern um ein weitergehendes Ereignis. Die Schilderung dieses Ereignisses hat der Autor in seinem Buch: „Bommelfutz® und das Haus der blauen Steine" verarbeitet. Zitieren wir die dortige Stelle: „Er schwebte, scheinbar schwerelos, durch die Dunkelheit, löste sich von seinem irdischen Körper dort unten... Von seinem Platz oberhalb des dort liegenden menschlichen Körpers erkannte er jetzt den Notarzt... Etwas schien jetzt hinter ihm leise seinen Namen zu rufen. Leise und wohlklingend. Langsam wendete er sich zu dem dort über ihm schwebenden Lichtwesen um. Ströme von angenehmen, weichen und warmen Licht flossen jetzt zu ihm nieder. ‚Ist es Zeit', dachte er mehr zu sich selbst. „Vater ich bin bereit!"... gerade als er sich anschickte, diesem Lichtwesen zu folgen, versank alles wieder und ganz plötzlich in Dunkelheit..." [22]

Allen diesen Bespielen ist jedoch immer eines gemeinsam: das Bewusstsein der schildernden Person ist stets in und bei der Person selbst. **NIEMALS** IN dem irdischen Körper dort vor dem Betrachter. Daraus ergibt sich die wichtigste Erkenntnis für uns: dieser menschliche Körper den ich von **außen** betrachte ist NICHT der Ort meines Ich-Bewusstsein – sonst müsste ich mich ja aus dem irdischen Körper heraus sehen und nicht von dem ‚ausgetretenen Teil' aus.

Die Erkenntnis aus dem Beispiel der Frau im roten Kleid hat in diesen Schilderungen ihre Bestätigung gefunden. Die jeweilige Person war dort niemals das Kleid selbst, weder das rote noch das blaue oder irgendein anderes. Und so scheint es auch hier zu sein. Das BEWUSSTSEIN, das ICH-EMPFINDEN ist niemals bei dem wahrgenommenen irdischen Körper, sonst müssten sich diese Personen ja aus der ‚Kleiderperspektive', hier also aus dem Körper heraus, sehen und auch so von dort schauend selbst erleben. Was ist jetzt aber dieser ‚ausgetreten Teil'? und was dieser dort vor mir liegende menschliche Körper?
Was denken sie?

---

[22] John R. McCollins – ‚Bommelfutz® und das Haus der blauen Steine'
ISBN (Printausgabe): 978-3-759228-47-5 und
ISBN (E-Book): 978-3-759228-48-2

„Sabbe sankhārā aniccā, dukkhā, anattā"
Buddha[23]

Bitte beachten Sie, dass auch nach der Lehre des Buddha, die ERSCHEINUNGEN vergänglich sind. Diese Aussage wird von Buddha jedoch NICHT für die URSACHEN HINTER diesen Erscheinungen getroffen

Da wir in der Regel keinerlei Empfindung zu dem dort liegenden irdischen Körper mehr haben, ergibt sich dem unvoreingenommenen und offenen Betrachter nachfolgende faktenbasierte Erkenntnis:

Fakt: wir sind aus dem dort liegenden irdischen Körper vollständig ausgetreten, haben diesen Körper dort vollständig verlassen. Das, was wir als unser ‚Ich-Selbst' verstehen, also **unsere** eigene **‚Ich-Wahrnehmung' ist jedoch nicht erloschen oder ‚gestorben'**, mehr noch, **das Bewusstsein ist NICHT in diesem dort liegenden irdischen Körper verblieben**, sondern hier und an diesem Platz, wo ich mich gerade selbst wahrnehme. Folgen wir dieser Erkenntnis, dann können wir unseren irdischen Körper mit einem langen Mantel oder auch zum Beispiel mit einer Mönchs-Kutte, oder eben auch mit einem Kleid vergleichen. Die Kutte oder der Mantel oder das Kleid ist somit nur eine Hülle, die unserem ‚Ich-Bewusstsein' ermöglicht, in dieser sinnlich erfassbaren Welt

---

[23] Frei übersetzt: „Alle ERSCHEINUNGEN sind vergänglich, deshalb leidbringend und somit NICHT-ICH." - Buddha

tätig zu werden und tätig zu sein. Ihm ermöglicht, hier eine, und im Idealfall SEINE, Aufgabe zu erfüllen.
Versuchen sie einmal ohne Kleidung in einer belebten Stadt zu wandeln. Genau, wie wir die Kleidung dort benötigen, benötigt unser ‚Ich-Selbst' diesen Körper, um sich in dieser, für den noch nicht vollständig erwachten Menschen nur sinnlich erfassbaren, ‚Stadt' unbeschadet zu bewegen.
Der ‚Tod' führt nun nur dazu, dass wir diesen Mantel, diese Kleidung, die wir für dieses Dasein (im sinnlichen Sprachgebrauch als ‚Leben' bezeichnet) benötigen, abstreifen werden.
Der ‚Tod unseres irdischen Körpers' wäre somit der Zeitraum, der sich anschließt, NACHDEM wir den von unserem ICH-SELBST geformten irdischen Körper verlassen haben.

„So ist der Tod, das schrecklichste der Übel, für uns ein Nichts: Solange wir da sind, ist er nicht da, und wenn er da ist, sind wir nicht mehr". [hier]
Epikur [24]

Der unsterbliche Teil oder genauer gesagt unsere Selbstwahrnehmung, unser ‚ICH-SELBST', streift diesen ‚Mantel' einfach nur ab. Das, was wir in dieser mit unseren ‚normalen' Sinnen erfassbaren Welt als ‚Tod' bezeichnen, ist somit nur eine Befreiung unseres ‚Ich-Selbst' aus diesem irdischen und uns dort so nützlichen Körper und ein ÜBERGANG. Die Klärung der Frage, WOHIN uns dieser ÜBERGANG führt, bleibt jedoch im Moment

---

[24] Epikur – 341 bis ca. 270 vor Christus (siehe auch Anhang)

noch einer späteren Betrachtung, so zum Beispiel in einem weiterführenden Buch von John R. McCollins, vorbehalten. Seien Sie sich jedoch auch stets darüber klar, dass diese uns **bewusst** gewordenen Vorgänge des zeitlich begrenzten Verlassens unseres irdischen Körpers nur ein verschwindend kleiner Teil dieser tatsächlich stattfindenden Erscheinungen sind. Der überwiegende Teil des zeitlich begrenzten Verlassens unseres irdischen Körpers läuft jedoch unseren sechs irdischen Sinnen gegenüber **unbewusst**, also von diesen unbemerkt ab. Wir können somit aus unseren sechs irdischen Sinnen dazu im Allgemeinen auch keine bewusste Wahrnehmung ableiten.

„Man entdeckt nicht die Wahrheit; man erschafft sie."
Antoine de Saint-Exupéry

Über die ‚Scheinwelt um uns' oder alles ist ‚Maya' [25]

Die mit der Überschrift getroffene Aussage scheint zunächst einmal oberflächlich und unseren bisherigen ‚Denkmustern' folgend, neu und verwirrend oder vielleicht sogar fremdartig für uns zu sein. Möglicherweise scheinen wir zunächst sogar dazu bereit zu sein, diese dort getroffene Aussage deshalb anzuzweifeln. Anzuzweifeln, da sich diese scheinbar kaum mit den in uns bisher von außen geprägten ‚sinnlich-materialistischen' Anschauungen und Vorstellungen in Einklang zu befinden scheint. Die Welt um uns herum scheint uns doch so ‚geläufig', ‚real' und ‚greifbar' oder auch für uns so ‚mühelos' und ‚vollständig' ‚erkennbar' und ‚erklärbar' zu sein. Wie soll all das, was uns jeden Tag umgibt, so einfach und auf einmal nur eine ‚Scheinwelt' sein?

Bereits im ersten Buch [26] haben wir schon gelernt, dass wir auf unserem Weg zur Liebe und zum wahren Licht allen, für uns scheinbar neuen Sichtweisen, Blickwinkeln und Standpunkten OFFEN und UNVOREINGENOMMEN begegnen müssen. Nur so sind wir jeden Tag aufs Neue in der Lage, alte Denkbarrieren zu durchbrechen, alte und eingetretene Pfade des Konsens [27] zu verlassen und auf den neuentstandenen ‚Denkautobahnen' der Liebe und des wahren Lichtes schneller und sicherer, als bisher, voranzukommen.

---

[25] ‚Maya' – das ‚Eitle', ‚Nichtige' und ‚Unwahre' – Begriff wohl ursprünglich aus der östlichen Mystik stammend (Sankara)

[26] Der Verfasser bezieht sich hier auf den ersten Band dieses Buches – John R. McCollins – ‚Der Weg zur Liebe und zum wahren Licht'

[27] siehe Kapitel ‚Die Macht des Konsens und die Macht der Bilder' dieses Buches

So kann man zum Beispiel mit dem Film „Logan's Run" von Regisseur Michael Anderson aus dem Jahre 1976 einen ersten Eindruck von diesen Vorgängen bekommen. Dieser Film, welcher auch den Titel „Flucht ins 23. Jahrhundert" trug. Den Menschen, welche in einer, möglicherweise auch nur vorgegaukelten, Wohlstandsgesellschaft in unterirdischen Städte lebten, wurde diese ‚Welt' als einzig Existierende vorgegaukelt. Ihnen wurden elektronische ‚Uhren' in die Handfläche implantiert. Waren diese abgelaufen, mussten diese Menschen sich in das ‚Karussell' begeben, wo angeblich die Stärksten unter ihnen ‚erneuert' würden. Tatsächlich gab es dort aber niemals auch nur einen einzigen Überlebenden. Alle, die sich willig in das ‚Karussell' begaben, wurden dort und sogar vor den Augen der schaulustigen Menge getötet.
Und so, wie in diesem Film, begegnen uns, wie jedem Menschen auf dieser Welt im gleichen Maße, jeden Tag auf Schritt und Tritt Dinge, welche die für uns so ‚eindeutige' und ‚bestimmte' ‚Realität' dieser sich uns durch unsere sechs Sinne scheinbar so ‚alltäglich' und ‚geläufig' offenbarenden Welt zumindest in Frage stellen möchten. Man muss diese eben nur unvoreingenommen und offen betrachten. Mehr ist dazu nicht notwendig. Wenn wir diese unsere Beobachtungen anschließend mit unserem FREIEN Denken analysieren und so FAKTENBASIERT zu erklären versuchen, haben wir schon alles dafür Erforderliche vollbracht. Alle in uns geprägten Anschauungen, Ideologien, bisherigen Überzeugungen, Meinungen und auch der scheinbar dazu bereits gesellschaftlich erreichte Konsens [28] müssen jedoch dazu schweigen. Dürfen keinerlei

---

[28] siehe Kapitel ‚Die Macht des Konsens und die Macht der Bilder' dieses Buches

Beachtung dabei finden. Um diese Erkenntnisse zu erreichen, muss man nicht einmal diese Welt unserer sechs Sinne verlassen und auf irgendwelche ‚übernatürlichen Sinne' zurückgreifen. Es ist jedoch von enormer Wichtigkeit für Sie, sich niemals wieder von Ihren dabei gemachten Erkenntnissen abbringen zu lassen. Alle ‚schwarzen Hasen der Manipulation' oder anderen ‚tönenden' Stimmen dürfen und können Ihnen niemals wieder Ihre bereits errungenen Erkenntnisse über die Ursachen dieser Escheinungen nehmen oder ‚ausreden'. Selbst wenn irgendwer versuchen würde, uns unsere ureigenen Erkenntnisse ausreden zu wollen, gleitet dieser Versuch an unserem analytischen und freien Denken von nun an und für alle Zeiten an uns ab. Bleiben Sie immer Sie selbst und lassen Sie sich niemals von irgendwelchen Ereignissen aus Ihrer Mitte bewegen. Sinnen Sie niemals auf ‚Rache und Vergeltung', sondern verbleiben Sie immer an Ihrem Platz, den das Universum für Sie vorgesehen hat. Dem einzigen Platz, an dem Sie den Himmel mit der Hand erreichen können.

„Das Wasser haftet nicht an den Bergen, die Rache nicht an einem großen Herzen"
Konfuzius

Wenn wir durch die selbständige, freie und sachliche Prüfung der von uns in Frage gestellten Erscheinungen und durch unser logisches Denken zu einem EIGENEN und SELBSTÄNDIGEN Ergebnis gelangt sind, werden wir uns hiervon niemals mehr abbringen lassen, es sei denn es würden sich neue Fakten ergeben, die eine neue Bewertung durch uns erforderlich machen.
Wir wollen nun an Hand von zwei Beispielen versuchen, uns dem Verständnis dieser Dinge und Fakten zu nähern:

1. Beispiel

Vollmond: Der Mond geht am Horizont auf

Sicher haben Sie es schon einmal bemerkt, dass uns bei Vollmond, also wenn sie die volle ‚Scheibe' des Mondes sehen, der am Horizont gerade ‚aufgehende' Mond als sehr groß, ja nahezu riesig und scheinbar fast ‚mit Händen greifbar' erscheint. Die sich am Horizont direkt neben dem aufgehenden Mond befindlichen Gegenstände, wie Häuser, Bäume und so weiter erscheinen uns dagegen viel kleiner als diese riesige Mondscheibe zu sein.

Nehmen Sie jetzt einfach einen

Fotoapparat und fotografieren Sie diese Szene. Ja, zur Not tut es natürlich auch ein ‚Handy' ;-)

Was stellen Sie fest, wenn Sie die Aufnahme jetzt direkt neben den Mond halten? Es scheint fast unglaublich, aber der Mond erscheint uns im Vergleich zu den Häusern und Bäumen auf dem Foto viel, viel kleiner, als wir ihn direkt daneben mit bloßem Auge wahrzunehmen scheinen.

Was von beiden ist jetzt die ‚wahre Realität' für uns? Die Aufnahme oder das, was wir bis eben noch mit unseren bloßen Augen ‚real' zu erkennen glaubten?

Was ist hier passiert? Den Vorgang, wie es uns wohl manche Menschen und Wesen einreden wollen, einfach als ‚optische Täuschung' abzutun, dürfte so ziemlich an den URSACHEN DAHINTER vorbeigehen. Schon allein unsere Fragestellung an ‚den schwarzen Hasen', dass, wenn es sich nur um eine ‚optische Täuschung' handeln würde, wir diese dann doch wohl auch auf dem Foto sehen müssten, dürfte diese Scheinlogik bereits klar demaskiert haben. Wohlwollend formuliert handelt es sich bei dieser Aussage auch nur wieder um den Versuch, die Ursachen die

HINTER diesen Dingen stehen aus den Dingen selbst zu erklären. Weniger freundlich formuliert könnte man davon ausgehen, dass man hier gerade vera... werden sollte.
Beginnen Sie damit, alles wieder zu hinterfragen. ‚Schlucken' Sie niemals mehr die Scheinantworten oder auch tatsächlichen Lügen und Lügengebäude dieser Wesen. Beginnen Sie wieder damit, SELBST zu denken und danach auch wieder **selbst** ENTSCHLOSSEN ZU HANDELN.

2. *Beispiel:*

Wir fahren zweimal genau fünf Minuten mit unserem Auto mit der Geschwindigkeit von 70 km/h
Für unser zweites Beispiel brauchen wir

- ein Auto
- uns
- eine enge und kurvenreiche Strecke durch einen Hochwald (hohe Bäume wachsen links und rechts der Strecke und bis unmittelbar an die Straße heran)
- ein gerades Stück unbegrenzte Autobahn
- unseren Partner (m/w/d) auf dem Beifahrersitz ;-)

Nachdem wir uns jetzt alle unsere obigen ‚Zutaten' besorgt haben, geht es auch schon los. Partner/in auf den Beifahrersitz gebeten, selbst eingestiegen und mit 70 km/h über die enge und kurvenreiche Hochwaldstraße ‚gepfeffert'. Was denken Sie passiert in unserem (hoffentlich nur in Gedanken durchgeführten) Experiment?
Im besten Fall haben Sie vielleicht eine Bemerkung wie, ‚fahre doch bitte etwas langsamer' oder etwas Ähnliches entgegen nehmen müssen. Im schlimmsten Fall müssen Sie sich jetzt um einen neuen Partner/in bemühen ;-)

Gedankenexperiment Phase zwei ;-)
Jetzt wollen wir mit der ‚atemberaubenden' Geschwindigkeit von 70 km/h über ein gerades, unbegrenztes und ‚sechs-streifig' ausgebautes Stück Autobahn ‚fahren'. Obwohl Sie bereits auf der äußerst rechten Richtungsfahrbahn unterwegs sind, teilen Ihnen sogar die ungefähr fünfzig hinter Ihnen aufgestauten LKW auf sehr eindrucksvolle Art und Weise mit, dass Sie vielleicht besser zu Fuß unterwegs wären ;-)
Auch Ihr Partner/in kann kaum noch ein ‚Gähnen' unterdrücken.

Was ist hier passiert? Obwohl wir in beiden Fällen, (Strecke durch den Hochwald und Fahrt auf der Autobahn) ‚objektiv' betrachtet, genau dieselbe Geschwindigkeit gefahren sind, war unsere WAHRNEHMUNG der gefahrenen Geschwindigkeit (und auch die Wahrnehmung unseres Partners/ Partnerin, sowie der nachfolgenden LKW) eine VÖLLIG ANDERE.
Auch wenn das Beispiel scheinbar etwas ‚hinkt', müssen wir ganz objektiv feststellen, dass wir in BEIDEN Fällen mit exakt der gleichen Geschwindigkeit gefahren sind. Es muss also, und jetzt auf unsere scheinbar so ‚reale' Sinnes-Welt bezogen, mehr wirksam sein, als das, was man üblicherweise wahrzunehmen gewillt ist.

Und dies ist tatsächlich der KERN ALLER DINGE, die wir soeben betrachtet haben. Wir wollen jetzt versuchen, diesen **Kern** klar herausarbeiten
Wenn wir den ÄUSSEREN BEZUG, also unsere ICH-BEZOGENE WAHRNEHMUNG, in unserem Beispiel ist dies die tatsächlich gefahrenen Strecke, verändern oder einfach völlig außer Betracht lassen, werden sich uns auch völlig neue

WAHRNEHMUNGS**EBENEN** eröffnen. Wir blenden einfach unsere ‚sinnliche Sicht' auf die Umgebung unseres Autos aus.
Und, um es noch klarer auf den Punkt zu bringen, was, wenn ich Ihnen in beiden Fällen ein Video vorgespielt hätte? Ein Video auf dem AUSSCHLIESSLICH der Tacho des AUTOS aufgenommen wurde und in BEIDEN Fällen AUSSCHLIESSLICH zu sehen wäre? In beiden Fällen hätten Sie genau fünf Minuten lang einen Tacho gesehen, welcher konstant 70 km/h anzeigt.
Zu welcher Schlussfolgerung wären Sie, Ihr Partner/in und die fünfzig LKW-Fahrer wohl in diesem Fall gekommen?

Der Kern dieser Dinge begegnet uns aber auch schon, wenn wir während unseres tagtäglichen und ganz normalen Schlafes ‚träumen' und uns dabei in unserem ‚Traum' in einer uns scheinbar fremden und noch niemals erlebten ‚Traum-Welt' bewegen. Alle diese Dinge, welche uns dort begegnen erscheinen uns in diesem ‚Traum-Zustand' als absolut ‚real', ‚greifbar', bis ins Letzte ‚erklärbar' und ‚ach so geläufig'.
Wenn uns in dieser ‚Traum-Welt' schöne oder auch furchtbare Dinge ‚zustoßen', erleben wir all dies genauso ‚real', zumindest in unserer sinnlichen Wahrnehmung, wie im wachen Zustand auch. Immer dann, wenn wir uns in diesem ‚Traum-Zustand' UNKRITISCH bewegen und diesen nicht anfangen, als möglichen ‚Traum' zu HINTERFRAGEN, zweifeln wir auch keinen einzigen Augenblick daran, dass dies alles ‚Realität' für uns ist. Dies ist solange eine WAHRE AUSSAGE für uns, bis wir, meist unvermittelt, aus diesem ‚Traum' aufwachen.
Wenn wir diese uns umgebende ‚Welt' nicht als mögliche ‚Scheinwelt' hinterfragt haben, kommen wir meist überhaupt nicht auf den Gedanken, dass dies möglicherweise nur ein ‚Traum' ist.

Oder anders ausgedrückt: BIS WIR AUFGEWACHT SIND, HALTEN WIR DIESE WELT UM UNS HERUM FÜR DIE REALE WELT.

Und dies ist der Schlüssel in uns selbst zu dem golden leuchtenden Tor, welches sich für uns in die uns bestimmte REALE und, wenn man so will, höhere Gesamtwelt öffnen wird.

Was jedoch, wenn wir aus diesem ‚Traum mit offenen Augen' einfach nicht aufwachen? Nicht aufwachen, weil wir selbst oder eben auch nur andere Wesen, nicht wollen, dass wir aufwachen? Dann sind wir doch wohl felsenfest der Meinung, bereits ‚wach' zu sein und laufen tatsächlich schlafend so nur einer Illusion hinterher.

Sicher haben Sie es auch schon einmal selbst erlebt, dass Sie sich im Moment des Aufwachens erst einmal ‚zurechtfinden', man kann vielleicht sogar sagen ‚orientieren' oder besser noch ‚verorten' mussten. Diese ‚Unverortbarkeit' [29] und die Frage: ‚war das alles bis eben nur ein Traum'? dauert genau solange, bis irgendetwas ‚in uns' die Entscheidung getroffen hat: ‚ja dies eben war ‚nur' ein Traum und das hier ist real – DU BIST **JETZT** WACH'.

Was, wenn diese Entscheidung auf einer Fehleinschätzung beruht? Was wenn wir **JETZT** SCHLAFEN und **DAVOR** WACH waren? Was unterscheidet denn die ‚Realität' des vermeintlichen Traumes von der ‚Realität' dieser gerade eben von mir hier ‚real' vorgefundenen

---

[29] Der Begriff ‚Unverortbarkeit' meint hier, dass wir im Moment des Aufwachens keinen Bezug zu der von uns (manchmal auch nur scheinbar) vorgefundenen Umwelt haben. Siehe auch das Beispiel des ‚Koma-Patienten' im Kapitel ‚Der Tag richtet sich nach der Sonne, der Monat nach dem Mond?' dieses Buches

Umwelt? Beides scheint uns doch gleichermaßen ‚real' zu sein? Was sagt mir denn verlässlich, dass ich JETZT wach bin und bis eben geschlafen habe, oder ob es vielleicht doch umgekehrt ist, und ich schlafe JETZT und träume dabei?
Auf diese scheinbar verwirrende und scheinbar auch erst einmal unlösbare Fragenflut gibt es eine sehr einfache und vor allem auch für uns beruhigende Antwort. Wenn wir (wieder) gelernt haben, die URSACHEN, die HINTER all den Dingen stehen, welche sich uns als so ‚real' anzubieten scheinen, auch zu erkennen, sind wir in der Lage die Welt der ‚Maya' von der TATSÄCHLICHEN REALITÄT der uns umgebenden Gesamtwelt sicher zu unterscheiden.

Denken Sie immer an das Gleichnis vom Feigenbaum. Wenn Sie diesen Zustand erreicht haben, haben Sie auch die ERKENNTNIS der letzten großen und alles entscheidenden Frage erreicht und diese GEWISSHEIT ist ihr bestimmendes Wesen geworden. Das göttliche Wesen tief in uns selbst ist dann und für alle Ewigkeiten vollständig erwacht.

„An dem Feigenbaum lernet ein Gleichnis. Wenn jetzt seine Zweige saftig werden, und Blätter gewinnen; so wisset ihr, daß der Sommer nahe ist" [30]

Und so ist es jetzt für uns an der Zeit, um diese soeben gewonnene Erkenntnisse auf unseren ‚Wirklichkeitsstrahl' anzuwenden. Lassen wir unsere bisherige Entwicklung hierzu noch einmal Revue passieren:

---

[30] Die Bibel, Neues Testament, nach der Übersetzung von Dr. Martin Luther, Verlag Canstein Halle/Saale, Ausgabe 1890 – Marcus 13,28

Gestartet waren wir mit dem **ersten ‚Reiter'**, welcher die uns jeden Tag und jede Stunde ganz ohne jede Mühe zugänglichen Erinnerungen, oder wenn man so will, uns jederzeit und mühelos und OHNE eine BESONDERE Willensanstrengung zugänglichen Erkenntnisse darstellte. Diese mit unseren bisherigen und ‚irdischen' sechs Sinnen, wie Sehen, Hören, Fühlen, Schmecken und so weiter wahrnehmbare Zeitspanne wurde durch diesen unseren ersten Reiter mit einem nur sehr kleinen Sichtfenster repräsentiert. Dieser umfasste auch nur eine, selbst nach irdischen Verhältnissen, sehr beschränkte Sicht auf unsere ‚bisherigen Erlebnisse als Mensch'. Dieser ‚Reiter der Erinnerung' unterlag darüber hinaus der Beschränkung, sich immer nur POSITIV in der ZEIT (also nach vorne) bewegen zu können. Da unsere sinnlich-materialistische Wahrnehmung **vollständig** RAUM und ZEIT unterworfen ist, schreitet für diese Wahrnehmungsform die Zeit auch scheinbar unaufhaltsam in dieser Richtung voran.
Und so beginnt sich unser Reiter für den in seiner sinnlich-materialistischen Denkweise Gefangenen unaufhaltsam weiter zu bewegen. Weiter zu bewegen und dabei scheinbar dieses irdische Leben zu ‚verbrauchen'.

„Es ist gut, wenn uns die verrinnende Zeit nicht als etwas erscheint, das uns verbraucht und zerstört wie die Handvoll Sand, sondern als etwas, das uns vollendet."
Antoine de Saint-Exupéry

Durch diese ‚Bewegung' des ‚Reiters' beginnen in dieser ‚Zeit' weiter zurückliegende Erinnerungen für diesen Menschen ‚zu verblassen'. Und zwar in genau dem Maße, wie sich das Fenster dieses Wirklichkeitsstrahles in der ‚Zeit' nach vorne bewegt und

diese zeitlich früheren Erinnerungen aus diesem Sichtfenster (oder einfach auch aus unserer Sicht) ‚verschwinden'.
Dieser Vorgang ist scheinbar so alltäglich dass wir, obwohl wir doch jeden Tag hiermit konfrontiert werden, meist überhaupt nicht mehr darüber nachdenken. Spricht man Menschen, welche noch ‚im Dunkel ihres Tages' befangen sind, hierauf an, bekommt man sehr oft solche Antworten, wie: ‚...ist eben so' oder ‚...habe ich noch nicht darüber nachgedacht' und dergleichen mehr.
Auch zu diesem Vorgang des ‚Vergessens' gibt es im Brauchtum behaftete Sprichwörter, wie zum Beispiel:
„Aus den Augen, aus dem Sinn."
Deutsches Sprichwort
Wohlgemerkt: es steht dort: ‚aus dem SINN', also außerhalb des mit unseren sechs irdischen Sinnen Erfassbaren. Deutlicher kann die Volksweisheit dies wohl nicht mehr auf den Punkt bringen. :-)

Erinnerungen aus unserer frühesten Kindheit sind uns so kaum zugänglich und somit sind uns auch der Zugang und das Verständnis früherer, also zeitlich vorangegangener, Inkarnationen niemals möglich. Ja mehr noch; diese bleiben uns auf dieser Erkenntnisstufe vollständig unzugänglich.
Am Ende jedes irdischen Lebens ist jedoch bereits hier schon eine kurze Zeitspanne verblieben, in der man bei offener und völlig unvoreingenommener Sichtweise tatsächlich erkennen kann, dass dieses gerade zu Ende gehende irdische Leben nicht das Einzige für unser unsterbliches ICH war. Leider wird diese Erkenntnismöglichkeit nur von den wenigsten ‚unerlösten' ICH-Selbst **wahr**genommen, da diese fast vollständig in Ihrem ‚sinnlich-materialistischen Denkgefängnis' verhaftet sind.

Übrigens passt der Begriff ‚verhaftet sein' sehr gut zu dieser Art von Gefängnis für unser Denken, Fühlen und unser daraus resultierendes Handeln. Finden Sie nicht auch? ;-)

Der **zweite** von uns ‚gebastelte' Reiter stellte schon eine höhere Stufe dieser Erkenntnisse und der hinter all diesen Dingen tatsächlich wirkenden URSACHEN dar. Mit Hilfe dieser von uns WILLENTLICH erfolgten Erinnerung war uns der Zugang zu weiter zurückliegenden Ereignissen und einem jeweils wesentlich größeren Bereich dieser Inkarnation möglich.
Unter größter Willensanstrengung und, so weit wie wir imstande waren, das ‚Gummiband' zu dehnen, welches uns an diese ‚aktuelle' Zeit und diesen ‚aktuellen' Raum fesselte (‚Jetzt-Zeit' und ‚Hier-Raum' dieser Erkenntnisebene), war uns sogar der Zugang zu einigen Erinnerungen und Erkenntnissen unserer frühesten Jugend möglich.

Am Ende dieses Lebens ist bei dieser Betrachtungsweise bereits absolut klar erkennbar, dass dieses gerade zu Ende gehende irdische Leben eine von vielen aufeinander folgenden Inkarnationen für uns auf dieser Erde war und ist.
Der Blick in die ‚Vergangenheit' und auch die ‚Zukunft' unseres unsterblichen ICH **über Inkarnationsgrenzen hinweg**, ist jedoch auch unter größter Willensanstrengung nur im Bereich der ‚Dehnbarkeit' dieses uns an Raum und Zeit fesselnden ‚Gummibandes' und so leider nur den wenigsten und bereits am weitesten entwickelten ICH-SELBST möglich.
„Nichts hindert die Seele so sehr an der Erkenntnis Gottes, als Zeit und Raum."
Meister Eckhart

Wie müssen wir uns jedoch jetzt die **göttliche Erkenntnis**, die Erkenntnis, die sich uns zu offenbaren beginnt, wenn unser göttliches ICH in uns erwacht und den bisherigen ‚Schlaf mit offenen Augen' beendet, vorstellen?

Die Antwort ist einfach und sicher haben Sie diese auch genau so erwartet: Der Strahl der **göttlichen Erkenntnis** sieht so aus, wie auf dem nachfolgenden Foto:

Wirklichkeitsstrahl *ohne* jeglichen ‚REITER DER ERKENNTNIS' ---> dies ist das ‚Göttliche Erkennen'

Der Wirklichkeitsstrahl hat KEINEN ‚Reiter' mehr und somit auch kein unsere göttliche Erkenntnis hemmendes Fenster mehr aufzuweisen. Unser nicht-irdisches ICH-SELBST hat sich von diesem Strahl gelöst und sich **ÜBER** das **‚Anattā' ‚das Nicht-Ich,** [31] ‚dieses ‚Inkarnationsstrahles' erhoben. Wir betrachten das ‚zweidimensionale Bild' unseres

[31] Lehre des Buddha; siehe auch das Kapitel: ‚Über den Vorgang des Erkennens' dieses Buches

vorangegangenen Beispiels von einem höheren Standpunkt oder auch aus einem höheren Blickwinkel heraus.
Raum und Zeit, denen unser irdisches Dasein bis eben noch zu unterliegen schien, **haben nunmehr jegliche Bedeutung für uns auf dieser göttlichen Erkenntnisebene verloren**. Eine höhere Erkenntnisdimension (in unserem Beispiel vom Bild war das die ‚dritte Dimension') hat sich somit für uns bereits geöffnet.

Und hier offenbart sich uns die **finale Erkenntnis** unseres Modelles vom ‚Wirklichkeitsstrahl':

Unser göttliches ICH-SELBST unterliegt weder Raum noch Zeit. Haben wir diese Entwicklungsstufe erreicht, haben Raum und Zeit und ‚Tod' jegliche Bedeutung für uns verloren. Raum und Zeit und Tod üben keinerlei Macht mehr über uns aus, sind nicht mehr, als bedeutungslose Begriffe für uns geworden.

Oder noch kürzer auf den Punkt gebracht:
Raum und Zeit (und somit auch der Tod) sind begleitende Eigenschaften der Materie bzw. der scheinbar an die Materie gebundenen Energie, jedoch niemals der reinen und völlig materie-freien Energie

Und hier liegt auch bereits eine unserer Weiterentwicklungen gegenüber dem ersten Buch.
Da wir dort, auf Grund unseres bis dahin noch beschränkten Erkenntnisstandes, nur die (scheinbar) an die Materie gebundene

Energie erkennen konnten, waren wir auch noch davon ausgegangen, dass die Zeit eine begleitende Eigenschaft dieser SONDERFORM der Energie wäre.

Nunmehr sind wir in der Lage zwischen:

- **reiner und somit materiefreier Energie** **(raum- und zeitfrei)** und
- **scheinbar materiegebundener Energie** **(unterliegt Raum und Zeit)** zu unterscheiden.

Bereits ab dem Moment, da wir uns über diese scheinbare Bindung an die irdische Materie erhoben haben, sind wir frei von Raum und Zeit und allen hiermit verbundenen Erscheinungen und auch frei von diesen Mächten geworden.
Mit dem (geistigen) Austritt aus dem irdischen Körper streifen wir auch alle hiermit verbundene materielle Beschränktheit ab.

Dies bedeutet jedoch NICHT, dass dies erst mit Eintritt des ‚irdischen Todes' möglich wäre.

Der Weg zu den golden leuchtenden Toren ist heute bereits **JEDEM** Menschen, welcher sich frei gemacht hat, von allen negativen (dunklen) Eigenschaften, möglich.
Bereits an dieser Schwelle, der Schwelle des golden leuchtenden Tores, angekommen, sind wir in der Lage, so zusagen einen ‚Blick' in die höhere und uns göttlich bestimmte (geistige Welt) zu wagen.

Dieses göttliche ICH-SELBST, welches „...GOtt nach seinem Abbild geschaffen hat“ [32] , hat sich somit auf die ihm bestimmte Ebene erhoben. Unser ICH-SELBST kann sich nunmehr völlig **frei** ÜBER diesem Wirklichkeitsstrahl **bewegen.**

Wir können uns somit an **JEDEN** Ort und in **JEDE** Zeit begeben, egal ob Gegenwart, Vergangenheit oder sogar Zukunft, ja mehr noch; unser unsterbliches ICH-SELBST kann nunmehr an ALLEN Orten und in ALLEN Zeiten **gleichzeitig** weilen.

Auf den allgemeinen Erkenntnisprozess angewendet, kann es somit gleichzeitig Erkanntes **und** Erkennendes sein. [33] Oder anders formuliert; haben wir uns auf die uns bestimmte Stufe der göttlichen Erkenntnis erhoben, können wir uns, also unser ICH-SELBST auch SELBST als ICH erkennen [34] oder, um mit Johann Wolfgang von Goethe zu sprechen, uns erklären ‚...was die Welt im Innersten zusammenhält.“ [35]

---

[32] Die Bibel, Altes Testament, nach der Übersetzung von Dr. Martin Luther, Verlag Canstein Halle/Saale, Ausgabe 1890 – Mose 1, 27

[33] Siehe Kapitel: ‚Über den Vorgang des Erkennens‘ dieses Buches

[34] ebenda

[35] Johann Wolfgang von Goethe, Faust erster Teil (siehe auch Anhang)

Vom ‚Problem der zu frühen Bildung einer Gruppenmeinung'

In hierarchiefreien Gruppen von Menschen oder in Gruppen von Menschen, die bereits in der ‚Liebe und dem wahren Licht' wandeln (jedes einzelne Mitglied dieser Gruppe handelt, fühlt und denkt völlig frei von Egoismus, Angst, Wut, Hass, Empathielosigkeit und Gleichgültigkeit) bildet sich eine Gruppenmeinung in Folge eines ‚gesunden' und ‚natürlichen' Prozesses. Die Gruppe gelangt in einem GEMEINSAMEN Erkenntnisprozess zu einer GEMEINSAMEN Meinung. Zu einer Meinung, welche ALLE Aspekte und ALLE Interessen der gesamten Gruppe beinhaltet und in sich HARMONISCH vereint. Zu einer Meinung, welche die Interessen der Gruppe völlig **frei von egoistischen Einzel- und Gruppenzielen widerspiegelt.**

Diese Gruppenmeinung wird somit frei von jeglichen inneren und äußeren Zwängen von allen Gruppenmitgliedern GEMEINSAM getragen. Mehr noch, jedes Mitglied dieser Gruppe kann sich völlig frei von jeglichen Zwängen und Beeinflussungen mit dieser Meinung IDENTIFIZIEREN. Daher erfüllen sich solche Erkenntnisse völlig aus sich selbst heraus. Sind so zusagen SELBSTERFÜLLEND (self fullfilling prophecy) [36]

Jedes Mitglied dieser Gruppe LEBT diese Gruppenmeinung aus sich selbst heraus. Die Gruppe ist somit autark, unbeeinflusst und frei von äußeren Manipulationen zu dieser harmonischen Gruppenmeinung gekommen.

Diese ideale Gruppe findet sich jedoch (derzeit) leider noch in den seltensten Fällen. Viele Menschen spüren in sich bereits den

[36] ‚Self fullfilling prophecy' – eine selbsterfüllende Prophezeiung – siehe auch das entsprechende Kapitel dieses Buches

‚Aufbruch', wieder ihre Geschicke selbst bestimmen zu wollen. Der Weg ist jedoch durch diese lange Zeit des ‚passiven Dahinlebens' bisher noch den wenigsten Menschen klar und eindeutig vor Augen. Und so gleichen viele Entscheidungsprozesse heute mehr einer bereits im ersten Buch behandelten ‚FAD – Fast-and-dirty-Lösung' [37].
Aber selbst, wenn die Gruppe sich ehrlich um die bestmögliche Lösung bemüht, bleibt dieser Versuch oft im Bereich einer zu frühen Gruppenmeinungsbildung ‚stecken'. Bei diesem Phänomen wird von irgendeinem Gruppenmitglied bereits zu Beginn der Meinungsbildung, und meist sehr spontan, ein Lösungsvorschlag gemacht, welcher naturgemäß NIEMALS die bestmögliche Lösung darstellt. Wird dieser Vorschlag jetzt, aus welchen Gründen auch immer, von ein oder zwei Gruppenmitgliedern positiv eingeschätzt, verstummen und ersticken alle besseren Lösungsansätze im Pfuhl dieser Idee. Es hat sich heimlich, still und leise eine minderwertige Problemlösung in die Gruppe geschlichen.

Hüten Sie sich daher IMMER davor, zu früh eine Gruppenmeinung zu bilden. Im Kapitel ‚FAD - Fast and dirty' oder ‚Von der scheinbaren Lösung eines Problems, ohne das Problem auch nur ansatzweise verstanden zu haben' des ersten Buches haben wir bereits eine Technik kennen gelernt, die dieses Phänomen, eben das der ‚zu frühen Bildung einer Gruppenmeinung' sehr wirksam unterbindet und somit in den allermeisten Fällen zu einer qualitativ

---

[37] Der Verfasser bezieht sich auf das Kapitel ‚FAD – Fast and dirty' oder ‚Von der scheinbaren Lösung eines Problems, ohne das Problem auch nur ansatzweise verstanden zu haben' aus dem ersten Buch ‚John R. McCollins -Der Weg zur Liebe und zum wahren Licht'

wesentlich höherwertigeren und somit passenderen Lösung der Problemstellung führt.

Sollten Sie jedoch in einen Prozess eingebunden sein oder einbezogen werden, welcher Gefahr läuft in die minderwertige Lösung einer zu frühen Bildung einer Gruppenmeinung abzugleiten, melden Sie sich klar und faktenbasiert zu Wort. Wenn Sie jetzt auch nur noch EINEN weiteren ‚Mitstreiter' in dieser Sache aktivieren können, ist sogar eine möglicherweise manipulative Entscheidungs-Steuerung, von wem auch immer, im Keime erstickt. Auch wenn dies zu diesem Zeitpunkt wohl nur von den wenigsten Gruppenmitgliedern erkannt wird, ist die Gruppe soeben vor einer zielgerichteten Manipulation bewahrt worden.
Kommt es jedoch trotzdem zu einer solchen zu frühen Meinungsbildung, sollten Sie spätestens dann aktiv werden, wenn die manipulativ wirksam gewordenen Gruppenmitglieder die nunmehr schon leicht erkennbare Fehlentscheidung mit solchen Äußerungen, wie: ‚auch Sie haben doch dort zugestimmt' oder dergleichen mehr, am ‚Leben halten wollen'. Suchen Sie sich hier ‚Verbündete' und beenden Sie diese Farce entschieden und nachhaltig. Die Gruppe wird es Ihnen in der Zukunft danken.

Über die ‚Macht des Konsens' und ‚die Macht der Bilder'

Samuel Langhorne Clemens – auch als Mark Twain [38] bekannt – schrieb in einem seiner Bücher sinngemäß, dass das ‚Messingschild' unter Bildern, welche historische Begebenheiten darstellen, das Wichtigste an diesem Bild sei. Die Bedeutung der dargestellten Szene wechselt so für den Betrachter eben mit dem Wechsel dieser Bildunterschriften. So könnte ein Bild ein Friedensgespräch darstellen, oder aber auch, dass die eine dargestellte Person die andere zum Beispiel um ein Streichholz bittet. Jede Bildunterschrift passt gleichermaßen.

Und so ist es tatsächlich in unserer uns umgebenden ‚sinnlich-materialistischen' Welt. Unsere manipulierte Meinung ändert sich jeweils mit dem Kontext, in den eine ‚Meldung' gesetzt wird. Nehmen wir einmal die Meldung: ‚Bauern beklagen Ernteverluste'. Erfolgte im Vorfeld eine Meldung mit nationalem Bezug, ist diese Aussage in einen nationalen Blickwinkel oder Kontext gesetzt. Bei internationalem Bezug erfolgt die Zuordnung im Gehirn des Zuschauers dementsprechend, obwohl sich doch, ganz objektiv betrachtet, an der Aussage rein überhaupt nichts geändert hat. Betrachtet man die Meldung ‚Bauern beklagen Ernteverluste' jedoch KONTEXTFREI, so bleibt davon nur eine vage Mitteilung, dass IRGENDWO MINDESTENS **ZWEI** Bauern gerade ‚Ernteverluste beklagen'. ;-)

Noch krasser wird es zum Beispiel bei Aussagen, in denen angebliche ‚Experten' angeblich eine Aussage getroffen haben sollen. Wie zum Beispiel: ‚Experten warnen, das es einen noch nie

[38] Samuel Clemens Langhorne (Mark Twain) – amerikanischer Schriftsteller 1835 bis 1910 (siehe auch Anlage)

dagewesenen Sturm geben kann‘. Vager (und manipulativer) geht es wohl nicht mehr.
Betrachten SIE doch bitte einmal diese Meldung KONTEXTFREI. Was bleibt von der Absicht dieser Meldung, Angst verbreiten zu wollen, jetzt noch übrig?
Wahrscheinlich nicht viel. Genau genommen sogar überhaupt nichts. Dies ist eine ‚NULLMELDUNG‘. Es KANN einen Sturm geben, aber eben auch nicht. Sie können im Lotto gewinnen, aber eben auch nicht und so weiter... Hinterfragen Sie auch immer, WER denn diese angeblichen ‚Experten‘ sein sollen. Hier wird in den allermeisten Fällen nur dieses Ersatzwort für das Wort NIEMAND verwendet. Die Bedeutung des Wortes ‚NIEMAND‘ (und auch ‚NICHTS‘), haben wir bereits im ersten Buch kennen gelernt [39]. Ab heute wissen wir jedoch auch, dass die Floskeln:

- wie aus Expertenkreisen verlautet...
- Experten warnen, raten, empfehlen...

einfach nur Synonyme (Gleichworte) für die ‚geheimnisvolle Person NIEMAND‘ sind. Bei egoistischen Einzelzielen ist somit der Sprecher dieser Floskeln selbst auch derjenige, der sich diese (meist falschen) Informationen auch selbst ausgedacht hat. Bei egoistischen Gruppenzielen, kann der eigentliche Urheber auch im Dunkel des Hintergrundes verbleiben und nur diese ‚Marionette‘ vor Ihnen über die Bühne tanzen lassen. In allen diesen Fällen haben diese Aussagen jedoch nur einen Grund: Sie sollen im Sinne des Ideengebers manipuliert werden.
Unsere irdischen Sinne können und werden so tagtäglich manipuliert und so auch unsere Meinung, unser Denken und unser

[39] John R. McCollins – ‚Der Weg zur Liebe und zum wahren Licht‘ , Kapitel ‚Über das Wirken der geheimnisvollen Person Niemand‘

Fühlen. Dies gilt gleichermaßen für jeden Menschen, der sich noch nicht durch seinen freien Willen VOLLSTÄNDIG darüber erhoben hat.

„Im Denken ist Wille, nicht im Traum.“
Victor Hugo

Ein reales Beispiel zur unterschwellige Meinungs-Beeinflussung, hier schon etwas zurückliegend und aus Kinos in den USA, soll uns eine weitere Facette des Wirkens der ‚Macht der Bilder‘ erschließen.
Dort wurden in diesen Kinos jeweils kurz vor der Pause EINZELBILDER in den laufenden Film eingefügt, welche beworbene Produkte (zum Beispiel gewisse Getränke) abbildeten. Genau diese Produkte wurden dann in der Pause dort angeboten und TATSÄCHLICH auch verstärkt gekauft. Zum Verständnis dieser Manipulation sollte man wissen, dass ein Film, aber auch ein Video, aus vielen Einzelbildern in Folge besteht. Jedes dieser Bilder zeigt eine kleine Veränderung gegenüber seinem Vorgänger. Ab etwa vierundzwanzig Einzelbildern pro Sekunde ‚sieht‘ unser Gehirn eine ‚ruckelfreie‘ und fortlaufende Bewegung anstelle der Einzelbilder. Einzelne und scheinbar nicht zum Handlungsverlauf VOR und NACH diesem ‚Fremdbild‘ gehörende Einzelbilder werden von unserem ‚Pförtner‘ [40] im Gehirn nicht bewusst wahrgenommen. Gelangen somit UNBEMERKT in unser Gehirn. Die dabei ablaufenden Vorgänge haben wir bereits im ersten Buch von John R. McCollins – ‚Der Weg zur Liebe und zum wahren Licht‘ kennen gelernt. Seither WISSEN wir, dass mit dieser Technik JEDE BOTSCHAFT in unser

---

[40] Siehe Kapitel: ‚Von Manipulation und manipuliert werden‘ – John R. McCollins – ‚Der Weg zur Liebe und zum wahren Licht‘

bisheriges Denken, Fühlen und Handeln eingeschleust werden kann.
Diese Werbung ist seither offiziell im zivilen Bereich verboten. Glauben Sie auch, dass die Forschungen zu diesem so ‚überraschend funktionierenden Prinzip' damals eingestellt wurden, oder sind Sie eher der Meinung einiger Menschen, dass Sie davon jeden Abend Besuch in Ihrem Wohnzimmer bekommen? ;-)

Nachfolgend wollen wir uns jetzt auch noch mit dem Begriff des ‚Konsens' näher befassen. Der Begriff des ‚Konsens' wird heute im Allgemeinen mit einer gesellschaftlich oder zumindest in einer Gruppe von Menschen vorhandenen gemeinschaftlichen Auffassung über Dinge und Vorgänge gleichgesetzt. Der Einzelne hat sich der entstandenen ‚Gruppenmeinung' angeschlossen oder auch einfach nur ‚gebeugt'. Wie bei allen Prozessen und Dingen im Universum haben wir auch hier ‚ZWEI SEITEN einer Medaille'. Der Konsens kann positiv wirken, aber auch negativ. Leider ist der Konsens seit mehr als einhundert Jahren nur noch überwiegend negativ besetzt anzutreffen. Im besten Fall handelt es sich nur um ein ‚Problem der zu frühen Meinungsbildung' [41] im schlimmsten Fall findet gerade eine ‚Gehirnwäsche' bei demjenigen statt. Der Einzelne hat jedoch in **jedem** Fall dabei aufgehört BEWUSST und SELBST zu DENKEN.
Leider lehrt uns die Geschichte immer wieder und meist auch sehr schmerzlich, dass immer dann, wenn die Menschheit sich scheinbar darüber einig war (darüber Konsens bestand), zum

---

[41] Siehe Kapitel ‚Vom Problem der zu frühen Bildung einer Gruppenmeinung' dieses Buches

Beispiel bestimmte Naturgesetze vollständig erkannt zu haben, die daraus abgeleitete ‚Beherrschbarkeit' der Natur meist nur eine Illusion war. Beispiele hierzu sind u.a. die ‚unsinkbare Titanic', die ‚Reaktorkatastrophe von Fukushima', aber zum Beispiel auch die Tsunami-Katastrophen der jüngeren Vergangenheit. Diese Aufzählung ließe sich noch (fast) beliebig erweitern. Die am meisten nach solchen Ereignissen zu vernehmende Äußerung scheint mit Abstand die Frage zu sein: ‚warum die Menschen so ‚dumm' sein konnten, diese Gefahren nicht zu sehen'. Überträgt man diese Fragestellung zum Beispiel auf gesellschaftliche Prozesse, wird dann meist die Frage gestellt, ‚warum die Menschen so ‚dumm' sein konnten, diese doch scheinbar so offensichtlichen Lügen nicht als solche zu erkennen, sondern diese so scheinbar willfährig zu glauben'
Diese Fragen sind, so eigenartig dies vielleicht zu klingen scheint, schon tatsächlich der erste Schritt auf dem Weg zum allgemeinen Verständnis des menschlich-übersinnlichen ‚Erkennen-Könnens'. Leider bleiben diese Fragestellungen dabei meist noch zu unkonkret und streifen so nur ganz leicht die Oberfläche der dahinter verborgenen tatsächlichen Problematik. Bleiben so bereits im Ansatz zur Erkenntnis stecken.
Lassen Sie uns dazu einmal die Schiffskatastrophe der ‚Titanic' näher betrachten. Wenn man Vorgänge in der Vergangenheit sachlich und objektiv und auf die tatsächlichen Fakten reduziert betrachten will, muss man sich zuerst einmal gedanklich in diese Zeit, so weit wie uns dies heute überhaupt möglich ist, zurückversetzen.

Zuerst müssen wir somit den Untergang der ‚Titanic' in der Nacht vom 14. zum 15. April 1912 auf ihrer ‚Jungfernfahrt' über den

Atlantik nach New York in den zeitlichen Kontext stellen. Das Jahr 1912, das Jahr des Unterganges der ‚Titanic', steht dabei in einer Reihe mit vielen wirklich bahnbrechenden Entdeckungen und Erfindungen.

Jahrhundertelang war der Mensch ausschließlich mit Pferd und Wagen unterwegs gewesen. Selbst die absolut bedeutsame Weiterentwicklung zur Postkutsche änderte an dem verwendeten ‚Antriebslebewesen', dem Pferd, an sich erst einmal nichts. Man muss jedoch und, wenn man ausschließlich die Fakten für sich sprechen lässt, ganz sachlich feststellen, dass die Postkutsche die absolute Perfektionierung dieses ‚Fortbewegungsmittels' darstellte. Eine tatsächliche ‚Revolution' innerhalb dieser ‚Evolution'. Bisher konnte man als Reiter auf seinem Pferd am ersten Tag der Reise zum Beispiel 50 Kilometer, am zweiten Tag 40 Kilometer, am dritten Tag vielleicht 30 Kilometer dieser eben noch nicht wie heutzutage ausgebauten Wegstrecke zurücklegen. Am vierten Tag jedoch brauchten sowohl der ‚Hintern' des Reiters, als auch das Pferd einen Tag ‚Zwangspause' zum Erholen. ;-) Man käme in unserem Beispiel, und auf die VIER betrachteten Tage bezogen, durchschnittlich auf 30 Kilometer pro Tag. Für die Wegstrecke von Hamburg nach München bräuchte man somit ungefähr 20 Tage.
Was war jetzt aber das Besondere am ‚Postkutschenprinzip'? Ganz einfach. Das ‚Hauptproblem' war das nach einigen Tagen erst einmal erschöpfte Pferd. Bei der Postkutsche hatte man dies eindeutig erkannt und so in regelmäßigen Abständen Postkutsch-Stationen gebaut. Daher kommen zum Beispiel auch solche Entfernungseinheiten, wie ‚deutsche Postmeile' und ‚sächsische Postmeile'. Die Kutschpferde konnten so die gesamte Strecke

ZWISCHEN ZWEI Stationen schnellstmöglich (meist im Trab) zurücklegen, da die Tiere ja nicht für die Gesamtstrecke (von Hamburg nach München) geschont werden mussten. Dort wurden die Pferde ausgeschirrt und gegen frische und ausgeruhte Pferde ausgetauscht. Die erschöpften Tiere kamen in den Stall oder auf die Weide und hatten für heute ‚Feierabend'. ;-) Dadurch standen alle paar Kilometer jeweils frische Pferde zur Verfügung.
Am nächsten Tag ging es dann in die Gegenrichtung wieder zurück. Da die Pferde so in der Regel immer nur zwischen denselben Postkutsch-Stationen unterwegs waren, kannten die Tiere auch bald diese Strecke. Dadurch wurde die Strecke immer schneller und schneller und vor allem auch unfallfrei zurückgelegt.
Außerdem waren die Pferde sogar motiviert, diese Strecke so schnell und effizient, wie möglich zurückzulegen, da ja am Ziel ‚Feierabend' war. ;-)
Die absolute Sensation für diese Zeit jedoch war, dass man so mit der Postkutsche mehre hundert Kilometer PRO TAG zurücklegen konnte. Es bildete sich somit der sehr lange vorherrschende Konsens darüber, dass dies völlig ausreichend wäre. Niemand schien daher auf der Suche oder veranlasst zu sein, dieses Prinzip zu verändern.

DIESER **NEGATIVE KONSENS** WURDE SOMIT ZUM HEMMSCHUH jeglicher weiterführender und neuer Ideen zur Fortbewegung. Und so verhält es sich leider auch mit JEDEM NEGATIV wirkenden Konsens, egal in welchem Bereich dieser erreicht wurde.

Dies änderte sich jedoch im Bereich der Jahrhundertwende zum zwanzigsten Jahrhundert. Also um 1900 plus/ minus fünfundzwanzig bis dreißig Jahre. Die Dampfmaschine wurde von

James Watt maßgeblich verbessert. Der Elektromotor betrat als zweite wesentliche Kraftmaschine die Bühne dieser Welt. Nikolaus Otto entwickelte den Gasmotor von Lenoir revolutionär zum Viertaktmotor weiter und auch der Dieselmotor war als weitere Kraftmaschine verfügbar geworden. Weltausstellungen waren an der Tagesordnung, wo dem staunenden, begeisterten, ja sogar euphorischen Publikum immer neue technische ‚Errungenschaften' präsentiert wurden.
Der Konsens der ‚Postkutsche' war vom Konsens der allgemeinen Beherrschbarkeit der Natur und der gesamten Welt abgelöst. Eine sinnlich-materialistische Denkweise war somit beherrschend geworden. Scheinbar zweifelte niemand mehr an diesem Materialismus. Ja manche sprachen sogar von einer ‚Maschinen-Revolution' oder sogar schon von einer ‚Technik-Gläubigkeit' oder ‚Technik-Religion'. Die Welt schien bis ins Letzte erklärbar und beherrschbar geworden zu sein. Nichts schien mehr für den Menschen ‚nicht erzwingbar'. Die uns umgebende Natur schien ein für alle Mal durch den materialistisch denkenden Menschen erobert, bezwungen und kontrollierbar geworden zu sein. Die Aussagen der Reederei, dass die ‚Titanic' unsinkbar sei, passten somit in diesen Konsens. Und darin besteht auch das Problem des Denkens und Handelns im Konsens im Allgemeinen. Der Flut gleich, die im Wattenmeer die während der Ebbe zurückgebliebenen Tümpel und Lachen überflutet und so deren Existenz auslöscht oder auch ‚aufsaugt', wird das Denken des Einzelnen im ‚Einheitsbrei' des, manchmal auch nur sogenannten, Konsens unterbunden, ja ausgelöscht. Es verstummt und wird manchmal sogar in einem künstlich errichteten Dogma ertränkt.

Wie wir bereits gelernt haben, dürfen wir NIEMALS mehr zulassen. dass unsere ‚innere Stimme', unser ‚Gefühl' und unsere ‚Intuition' im Pfuhl irgendeines Dogmas ertränkt wird.
Wenn Sie sich tatsächlich und wahrhaftig entschlossen haben, den Weg zur Liebe und zum wahren Licht konsequent weiter zu verfolgen, brauchen Sie auch weiterhin nichts einfach so ‚blind zu glauben'. Das Einzige, was Sie dazu tun müssen, ist einfach nur unvoreingenommen und frei von alle Vorurteilen die sachlichen Fakten mit Ihrem analytischen Denken zu überprüfen. Lassen Sie sich NIEMALS mehr von einem scheinbaren und noch so logischen Konsens-Gebäude erdrücken. DENKEN SIE IMMER ZUERST SELBST FÜR SICH UND IHRE LIEBSTEN. Stellen Sie ALLES, was von außen auf Sie einströmen will, IN FRAGE. Beginnen Sie wieder damit, all dieses stets zu HINTERFRAGEN.
Vertrauen Sie nur Ihrer ‚inneren Stimme' und Ihrer Intuition. Nur dann werden Sie immer in der Lage sein, Ihr Geschick und das Ihrer Liebsten auch selbst und selbstverantwortlich zu lenken und zu leiten. Sonst gestatten Sie Anderen, für sich zu denken und zu entscheiden.

Das stetige HINTERFRAGEN all der uns gegebenen Antworten und vor allem der uns auf unsere Fragen gegebenen ‚spontanen Scheinantworten' ist jedoch auch noch aus einem anderen, aber mindestens genau so wichtigen Grund von nun an für uns essentiell und enorm wichtig.

„Wer fragt, ist ein Narr für eine Minute. Wer nicht fragt, ist ein Narr sein Leben lang"
Konfuzius

Vielleicht ist es Ihnen schon einmal aufgefallen, dass, freundlich formuliert, weniger kompetente Personen Ihnen auf jede Ihrer Fragen scheinbar eine ‚spontane Antwort' geben können. Dies oft sogar mit einer ‚Reaktionszeit', welche weit unter einer Sekunde liegt. Aus dem ersten Buch wissen wir bereits, wie hoch die ‚Denkleistung' des Antwortenden bei solchen verbalen Spontan-Reaktionen ist. :-)
Manchmal wird so etwas auch ‚beschönigend' als ‚educated guess' bezeichnet. Wörtlich übersetzt in etwa: ‚gebildete Vermutung'. Die tatsächliche ‚Bildung' oder, wenn man so will, das Niveau, dieser Antwort tendiert jedoch in den meisten Fällen maximal gegen Null. Dies wird uns sofort und absolut deutlich, wenn wir uns vor Augen führen, dass dem Gefragten ja unsere Frage vorher nicht bekannt war. Somit dürfte so ziemlich klar werden, welchen Inhalt, oder wenn man vom rein logischen Denken ausgeht, welchen ‚Wahrheitswert', eine solche Antwort dann überhaupt nur haben kann.
Seien Sie sich gewiss, dass diese spontane ‚Antwort' nur ein einziges Ziel hat: Sie von weiteren Fragen zu diesem Thema abzuhalten und so ‚ruhig zu stellen'. Lassen Sie sich NIEMALS mehr von so einer vorbereiteten ‚Allgemeinplatz-Antwort' ablenken. Hinterfragen Sie Ihr Anliegen nochmals und noch präziser. Meist ist dann ‚am anderen Ende nur noch Bild und kein Ton mehr'. ;-)

Diese Verhaltensweise von inkompetenten Personen wurde bereits durch David Dunning und Justin Kruger erkannt, von ihnen

wissenschaftlich untersucht und wird heute daher als Dunning-Kruger-Effekt bezeichnet. [42]
Dunning und Kruger kamen weiterhin zu der Einschätzung, dass inkompetente Personen dazu neigen:

- ihre eigenen Fähigkeiten zu überschätzen
- überlegene Fähigkeiten bei anderen nicht zu erkennen
- das [tatsächliche] Ausmaß ihrer Inkompetenz nicht richtig einzuschätzen. [43]

„Wenn man inkompetent ist, kann man nicht wissen, dass man inkompetent ist […]. Die Fähigkeiten, die Sie benötigen, um eine richtige Antwort zu geben, sind genau die Fähigkeiten, die Sie benötigen, um zu erkennen, was eine richtige Antwort ist.“
Errol Morris [44]

Oder noch kürzer ausgedrückt:
Der Inkompetente ist so inkompetent, dass er nicht einmal erkennen kann, dass er inkompetent ist.

Dem bleibt wohl kaum noch etwas hinzuzufügen. ;-)

---

[42] Justin Kruger, David Dunning: Unskilled and unaware of it: How difficulties in recognizing one's own incompetence lead to inflated self-assessments. In: Journal of Personality and Social Psychology. Band 77, Nr. 6, 1999, S. 1121–1134
[43] ebenda
[44] Errol Morris – The Anosognosics Dilemma: Something's Wrong, but You'll Never Know What It Is (Part1) – www.opinionator.blogs.nytimes.com, 20.06.2010, ('Anosognosie' ist, einfach erklärt, in etwa 'das Verleugnen von Tatsachen' – meist vor sich selbst – Der Verfasser)

Solche Äußerungen, wie:

- ‚Ich kann gar nicht verstehen warum...'
- ‚Ich habe ÜBERHAUPT kein Verständnis für den und den...'
- ‚Ich kann gar nicht verstehen, wie man auf so einen Schwachsinn kommen kann...'

und dergleichen mehr sind meist ein sehr beredtes Beispiel hierfür und charakterisieren den Sprechenden mit absoluter Sicherheit als das, was er wirklich ist. Inkompetent, intolerant, egozentrisch, egoistisch, selbstbesessen, hoffärtig, ignorant, voller Verachtung und meist auch noch voller Hass auf den Andersdenkenden.

Beachten Sie bitte auch, dass alle diese ‚Äußerungen' mit dem Wörtchen ‚Ich' beginnen. Hierbei handelt es sich meist um eine besonders perfide Form der Manipulation.
Die sonst im Sinne der Kommunikations-Theorie im absolut positiven Sinne gebrauchte sogenannte ‚Ich-Botschaft' (eine besondere Form der nichtverletzenden Kommunikation) wird hier konterkariert.
So wird eine ‚Pseudo-Ich-Botschaft' meist in voller Absicht ausschließlich dazu eingesetzt, den Andersdenkenden aus Mangel an Fakten oder auch aus Mangel an wirklichem Wissen zu dem erörterten Thema, persönlich anzugreifen, verbal zu verletzten oder zu verunglimpfen. Dies ist jedoch nicht mehr als ein ‚Trojanisches Pferd' [45]. Außen eine scheinbare ‚Ich-Botschaft' und innen hohl.

---

[45] Das ‚Trojanische Pferd' war eine Kriegslist der Antike. Um die belagerte Stadt ‚Troja' einzunehmen, wurde von den Belagerern ein hölzernes Pferd gebaut, in dessen Hohlraum sich Krieger versteckten. Nach einem scheinbaren Rückzug wurde dieses hölzerne Pferd vor den Stadtmauern zurückgelassen. Die

Manchmal werden diese Äußerungen auch von dem Sprechenden ganz bewusst eingesetzt, da ihm absolut klar ist, dass er einer sachlichen Diskussion überhaupt NICHTS entgegen setzen kann. Wenn wir diese Wahrheit tatsächlich ganz tief in uns verinnerlicht haben, wird es den ‚Schwarzen Hasen der Manipulation' NIEMALS mehr gelingen, uns auf ihren ausgebreiteten ‚Lügenleim' zu führen.

Belagerten zogen das ‚Trojanische Pferd' unter Triumph in die Stadt. In der kommenden Nacht öffneten die darin versteckten Krieger die Stadttore und die Stadt fiel.

Über den ,Vorgang des ,Erkennens'

Jeder Vorgang des Erkennens hat, zumindest, **wenn man die ,sinnlich-materialistische' Welt unserer sechs irdischen Sinne betrachtet**, zunächst einmal und vereinfacht betrachtet, mindestens zwei grundlegende Voraussetzungen:

1. Es muss ein Objekt vorhanden sein, welches erkannt werden soll (ein Erkanntes) und
2. Es muss ein Subjekt geben, um den Vorgang des Erkennens quasi ,durchzuführen' (ein Erkennendes).

So können wir einen Gegenstand (zum Beispiel ein Brot) nur dann als solches erkennen, wenn das Brot für unsere sechs irdischen Sinne vorhanden erscheint und wir auch anwesend sind, um diesen Vorgang des Erkennens des Brotes auch tatsächlich durchzuführen.

Etwa weniger vereinfacht erklärt, muss für den ALLGEMEINEN Vorgang des Erkennens zumindest folgendes vorhanden sein:

- ein Objekt, welches erkannt werden soll
- gewisse ,Sinne' zum Erkennen selbst und
- EIN TRÄGER DIESER SINNE.

Dies gilt zumindest erst einmal für die uns ach so geläufige Welt dieser sechs irdischen Sinne.
Diese allgemeine und in den überwiegenden Fällen unserer ,sinnlich-materialistischen' Welt ohne weiteres anwendbare Regel scheint jedoch bei EINEM wichtigen Erkenntnisprozess (sogar bereits aus logischen Gründen) zu versagen.
Bei dem Selbst-Erkennen unseres ICH-Selbst.
Oder, wenn wir es etwas einfacher formulieren wollen: ,warum können wir uns (zumindest in dieser Welt unserer irdischen sechs Sinne) nicht SELBST als ICH erkennen'? Oder noch einfacher auf

den Punkt gebracht: ‚warum können wir in dieser irdisch-sinnlichen Welt nicht selbst erkennen, WAS unser ICH-SELBST ist'?
Wenden wir die oben aufgeführten Voraussetzungen des Erkennens nun auf das Erkennen unseres eigenen ‚Ich' an, kommen wir zu einer Schlussfolgerung, dass wir unser eigenes ‚Ich' nicht selbst erkennen können, weil dann Objekt (Erkanntes) und Subjekt (Erkennendes) identisch wären und dies, zumindest in der sinnlich materialistischen Welt, daher nicht möglich wäre. Das Brot aus unserem Beispiel müsste sich dann selbst als ‚Brot' erkennen können.
Daraus stellt sich nun die alles entscheidende Frage: ‚was ist jetzt mein ‚Ich', oder anders formuliert: ‚was ist es, was ich als ‚Ich-Selbst' wahrnehme'?

Bevor wir unsere Betrachtungen hier fortsetzen, wollen wir uns zunächst noch einmal ganz klar vor Augen führen, dass unser irdischer Körper NICHT das ist, was wir selbst als unser ICH oder ICH-SELBST wahrnehmen.
Wie wir bereits aus dem Kapitel ‚Die Kunde vom körperfreien Menschen' wissen, ist unsere irdische Erscheinung (dort das rote und das blaue Kleid) niemals unser Ich-Selbst. Sogar bei einem Wechsel vom roten zum blauen Kleid bleibt unsere Selbstwahrnehmung als ICH, IMMER unverändert gleich.
Oder einfacher formuliert; wir nehmen uns als ICH immer in der selben Art und Weise wahr, egal ob wir uns in unserer Wahrnehmung im roten oder blauen Kleid in der Stadt bewegt haben.
Übrigens ist in dem Wörtchen ‚**Wahr**nehmung' bereits der Begriff ‚WAHR' enthalten. Eine reine und völlig unverfälschte,

Wahrnehmung [46] ist somit eine ‚wahre Aussage', oder mit anderen Worten: eine tatsächliche und objektive Wahrheit. Auf die Bedeutung dieser Unterscheidung, speziell in Bezug zu unserer bisherigen ‚sinnlich-materialistischen' Sichtweise, werden wir noch einmal am Ende dieses Kapitels zurückkommen.
Auf unsere Erkenntnisse zum ‚körperfreien Menschen' übertragen bedeutet dies: die Wahrnehmung unseres ‚Ich' bleibt sowohl IM als auch AUSSERHALB unseres irdischen Körpers immer UNVERÄNDERT gleich.
Die irdische Erscheinung unseres Körpers ist demnach nicht zu unserem ICH zugehörig. Oder, wie Buddha lehrt, ist diese ‚Anattā', also: ‚Nicht-ICH'. Dieses Wort besteht zuerst einmal aus dem Begriff ‚Ich', welcher durch die vorgesetzte Verneinung ‚Nicht' zu ‚Nicht-Ich' wird. Die Vorsilbe kehrt somit die logische Bedeutung von ‚Ich' um. Bemerkenswert ist vielleicht auch, dass es eine verblüffende Ähnlichkeit dieses ‚ICH'-Begriffes, wie ihn Buddha lehrt, mit dem lateinischen Wort ‚Natal' gibt. ‚Natal', welches eben auch mit ‚ICH' (oder auch mit ‚Geburt' oder mit ‚Verfleischlichung') übersetzt werden kann. So ist uns vielleicht aus der Medizin der Begriff ‚pre natal' bekannt, welcher soviel, wie vor der Geburt, oder eben auch (hier irreführend),vor dem Ich' bedeutet (siehe auch die nachfolgende Gegenüberstellung):

Buddha	**Latein**
an attā	natal
nicht ich	ich, oder ‚Verfleischlichung'

Vielleicht sei an dieser Stelle einmal darauf hingewiesen, dass das frühe Christentum der Meinung war, dass das Römische Reich (mit

[46] Gemeint ist hier NICHT eine Wahrnehmung mit unseren sechs ‚irdisch-materialistischen' Sinnen.

den darin wirkenden Kräften) bis zum jüngsten Tag weiterbestehen wird.

Lassen Sie uns noch einmal kurz das soeben Erreichte zusammenfassen:

- unser ICH-Bewusstsein verbleibt bei der Loslösung vom irdischen Körper NICHT in diesem irdischen Körper, sondern ist in der Lage, diesen VON AUSSEN zu betrachten
- unsere ICH-Wahrnehmung kann sich, auch von diesem irdischen Körper losgelöst, IN DER SELBEN ART UND WEISE, wie bisher selbst erleben
- der erkennbare irdische Körper ist somit ‚Anattā', also ‚Nicht-Ich'. [47]

Zu dieser Problematik haben sich auch bereits bedeutende Philosophen vor uns ihre Gedanken gemacht und so ist, zum Beispiel Arthur Schopenhauer, [48] zu folgendem Ergebnis gekommen:

„Das vorstellende Ich, das Subjekt des Erkennens kann, da es, als notwendiges Korrelat aller Vorstellungen, Bedingung derselben ist, nie selbst Vorstellung oder Objekt werden. Daher also gibt es kein Erkennen des Erkennens; weil dazu erfordert würde, dass das Subjekt sich vom Erkennen trennte und nun doch das Erkennen erkennte, was unmöglich ist."
Arthur Schopenhauer

---

[47] Buddha
[48] Arthur Schopenhauer, 1788 – 1860, deutscher Philosoph und Autor

Obige Aussage könnte man vereinfacht und, auf unser Beispiel mit dem Erkennen eines Brotes bezogen, vielleicht so zusammenfassen; dass das Erkennende (Wir) nicht gleichzeitig auch das Erkannte (Brot) sein kann. Oder anders gesagt, das Brot kann sich ohne uns nicht selbst als Brot erkennen.

Soweit erst einmal die Auffassung von Arthur Schopenhauer zu diesem Thema, welche wir hier zunächst einmal unkommentiert und unbewertet stehen lassen wollen.

Aufbauend auf diesen Erkenntnissen wollen wir uns jetzt noch einmal unserer Ausgangsfrage: ‚warum können wir in dieser irdisch-sinnlichen Welt nicht selbst erkennen, WAS unser ICH-SELBST ist?' zuwenden.
Hierzu gibt es eine einfache und so von jedem denkenden Wesen einfach nachvollziehbare objektive und daher ‚wahre' Antwort von Buddha.
Buddha bezeichnete seine von ihm gelebte Lehre als „Dhammo".
Als objektive Wahrheit. Und, noch direkter formuliert, als „Dhammo **anĭtiho**", also als „...Wahrheit, die ihre Bestätigung in sich selbst trägt".[49]
Hier scheint es möglicherweise wiederum eine verblüffende Ähnlichkeit oder vielleicht sogar Parallele zum Lateinischen zu geben. Die ‚grundlegende Lehre' oder auch ‚die ursächliche Lehre' wird hier zum Beispiel als ‚doctrina **initio**' oder auch ‚principio **initio**' bezeichnet. Die mögliche Ähnlichkeit von **‚anĭtiho'** und **‚initio'** drängt hier sogar dem unbefangenen Betrachter auf

[49] Georg Grimm, ‚Die Lehre des Buddha'. Verlag Piper und CO., München, 1922, Vorrede

Buddha dazu weiter: „...Erkenntnis ist der Weg zur Wahrheit..., nicht die Offenbarung eines übersinnlichen Wesens“. [50]
Nach diesen notwendigen Vorbetrachtungen wollen wir uns jetzt dieser objektiven Wahrheit, die ihre Bestätigung in sich selbst trägt und somit wohl den tatsächlichen Kern der Lehre des Buddha darstellt, zuwenden.

Es sind drei einfache Wahrheiten:

- „Was ich an mir vergehen und deshalb – mit dem Eintritt dieser Vergänglichkeit – mir Leiden zuführen sehe, das kann nicht mein W e s e n sein“
- „Nun sehe ich alles nur immer Erkennbare an mir vergehen und – mit dem Eintritt dieser Vergänglichkeit – mir Leiden bringen“
- „Also ist n i c h t s Erkennbares mein Wesen“ [51]

Die Antwort auf unsere Ausgangsfrage ist somit einfach und, für den einen oder anderen, vielleicht sogar verblüffend. NICHTS, was ich in dieser ‚sinnlich-materialistischen‘ Welt mit meinen sechs irdischen Sinnen erkennen kann, ist mein Wesen. Daher kann mein Ich-Selbst **in dieser irdischen Beschränktheit** auch **NICHT** von mir selbst erkannt werden.

Lassen Sie uns jetzt noch einmal auf das vorstehende Zitat von Arthur Schopenhauer zurückkommen:

---

[50] Georg Grimm, ‚Die Lehre des Buddha‘. Verlag Piper und CO., München, 1922, Vorrede
[51] ebenda

Dieses Zitat hatten wir dort zunächst einmal unkommentiert und auch unbewertet stehen gelassen. Aus den soeben von uns gemachten Erkenntnissen heraus, können wir jetzt bestätigen, dass es sich bei dieser Aussage zunächst einmal durchaus um **EINE** Wahrnehmung handelt. Allerdings ist die Aussage **ausschließlich** im Bereich der ‚sinnlich-materialistischen' Wahrnehmung auch eine ‚wahre Aussage'. Außerhalb dieser Beschränktheit gelten meist andere (höhere) Wahrheiten. Dieser Gedanke ist übrigens alles andere als neu. Auf die Möglichkeit, dass geltende (hier: physikalische) Gesetze außerhalb der betrachteten Bereiche (Welten) nicht so, wie uns bekannt, gelten müssen, hatte bereits Albert Einstein hingewiesen.

„Nicht jenes Wort ist wirksam, das sich an den dürftigen erhellten Teil wendet, sondern dieses, das den Teil ausdrückt, der noch im Dunkeln liegt und bisher ohne Sprache ist."
Antoine de Saint-Exupéry

„Wahrheiten kann man nicht durch Beweisketten erschließen, man muss sie erproben."
Antoine de Saint-Exupéry

Über den ‚Vorgang des ‚GÖTTLICHEN Erkennens'

Im Kapitel ‚Über den Vorgang des Erkennens' haben wir uns bereits etwas mit der Lehre des Sidartha Gautama – Buddha – bekannt gemacht. Wir haben zunächst einmal erkannt, dass wir unser ICH-Selbst in dieser ‚sinnlich-materialistischen Welt' und mit unseren irdischen sechs Sinnen nicht selbst erkennen können. Nichts, was wir solchermaßen zu erkennen imstande sind, ist somit unser wirkliches Wesen.

Ziel des großen Ringens der Menschheit ist nicht etwa ‚Trost' zu finden. Das wahre Ziel des Suchenden ist, aus ehrlichem Herzen heraus, Erkenntnis zu gewinnen.

Aus der modernen Quantenmechanik ist uns bereits schon seit längerem bekannt, dass es Teilchen und nach neueren Forschungen sogar größere Objekte gibt, die tatsächlich und sogar bereits mit unseren sechs irdischen Sinnen nachvollziehbar, an mehreren Orten GLEICHZEITIG sein können. Man spricht dort üblicherweise davon, dass sich diese Objekte an mehreren Orten gleichzeitig ‚delokalisieren'.

Dies ist KEIN verspäteter Aprilscherz! :-)

Möglicherweise hat man hiermit einfach auch nur EINE ERSCHEINUNG entdeckt, deren TATSÄCHLICHE URSACHEN bis in unsere ‚sinnlich-materialistische Welt' als ERSCHEINUNG hineinwirken und so mit unseren uns bisher bekannten sechs (irdischen) Sinnen erfasst werden kann.

Der liebe Gott ist als Schöpfer aller ursprünglichen Dinge und aller ursprünglichen Wesen dieser Erde und der mit ihr verbundenen Welten und Dimensionen in jedem einzelnen dieser Individuen gleichermaßen vertreten. Dies ist der ‚göttliche Knoten', der alle diese Dinge und Wesen in ihrem Kern miteinander verbindet. Oder, um mit Goethe zu sprechen „...das, was die Welt im Innersten zusammenhält". [52]

Wie wir bereits wissen, ist ‚GOtt' als Weltenschöpfer, der Schöpfer aller dieser Dinge und Lebewesen, somit auch stets Teil all seiner Schöpfungen selbst.

„Und GOtt schuf den Menschen ihm zum Bilde,
zum Bilde GOttes schuf er ihn..."
Die Bibel, Mose 1, 27 [53]

Wie der göttliche Teil in uns selbst, einem Tropfen gleich, geschöpft aus dem Göttlichen Ozean seiner reinen und wahrhaftigen Liebe, ist der göttliche Kern auch in allen anderen Dingen und Lebewesen dieser Schöpfung **gleichermaßen** vertreten. Der liebe Gott ist somit, und zwar **gleichzeitig**, in allen seinen Schöpfungen anwesend.

„Gott ist dreifach von Person und ist einfach von Natur. Gott ist auch an allen Orten... und an jedem ist Gott zugleich"
Meister Eckhart

---

[52] Johann Wolfgang von Goethe – Faust erster Teil
[53] Die Bibel, Altes Testament, nach der Übersetzung von Dr. Martin Luther, Verlag Canstein Halle/Saale, Ausgabe 1890 – Mose 1, 27

Und hier liegt auch der wahre Kern, die objektive Wahrheit, die Wahrheit, die sich aus sich selbst erklärt.

Das Göttliche und somit auch die **göttliche Erkenntnis** ist an allen diesen Orten **gleichzeitig** und kann somit auch *gleichzeitig* **Objekt (Erkanntes) und Subjekt (Erkennendes)** sein.

Oder noch direkter auf den Punkt gebracht:

Auf der Ebene der göttlichen Erkenntnis kann unser Ich-Selbst sich selbst als ICH erkennen, da es gleichzeitig Erkanntes und Erkennendes sein kann.

Die alles entscheidende Frage:

‚Was ist unser Ich-Selbst'? hat hier ihre Antwort, die Wahrheit, die sich aus sich selbst erklärt, gefunden.

„Güte vergelte ich mit Güte, Feindschaft mit Gerechtigkeit“
Antoine de Saint-Exupéry

Der Weg der Güte und der Entschlossenheit

Der Weg des Guten, der Weg zur allumfassenden und WAHREN Güte, ist der göttliche Weg des Menschen, der bereits hier auf dem Erdenplan für ihn beginnen kann und für den Menschen auch bereits so vorgesehen ist.

„Die Unterlassung aller Sünde, das Tun alles Guten, die Reinigung des Herzens:
das ist die Lehre des Buddha.“
Buddha [54]

Es ist gleichzeitig der Weg des Menschen zur einzigen, weil göttlichen, Wahrheit in uns und für uns als Menschen. Dieser Wahrheit in uns, die uns zu der ERKENNTNIS führen wird, von unserer grundlegenden Bestimmung her, **NICHT** an die Beschränktheit dieser irdischen Daseinsform gebunden zu sein

„Für den Menschen gibt es nur eine Wahrheit, das ist die, die aus ihm einen Menschen macht.“
Antoine de Saint-Exupéry

Was ist jedoch diese WAHRE Güte in uns, dieses göttliche Element in uns, welches gerade jetzt bei vielen Menschen zum ersten Mal in diesem Leben aufzuwachen scheint?

---

[54] Vers 183 des ‚Dhammapada‘ – wird mit hoher Wahrscheinlichkeit Buddha selbst zugeschrieben

Im ersten Teil dieses Buches ‚John R. McCollins – Der Weg zur Liebe und zum wahren Licht' haben wir uns bereits in den Kapiteln:

- Vom ‚selbstempfundenen Gutmenschen'
- Vom ‚Egoismus' und der ‚Selbstbesessenheit' und
- Von der ‚Empathielosigkeit'

mit dieser Problematik, zumindest grundlegend, beschäftigt. Wir haben dort festgestellt, dass es sich dabei um negative (dunkle) Eigenschaften handelt und haben gelernt, diese zu überwinden. Wir müssen uns jedoch an dieser Stelle absolut klar darüber werden, dass wir damit NUR die in uns Menschen zu DIESEM Zeitpunkt wirkenden negativen Kräfte überwunden haben. Wenn wir diesen Weg zur göttlichen Wahrheit und zur WAHREN Güte weiter voranschreiten, werden dieselben negativen (dunklen) Kräfte, welche damals bereits diese heute von uns bereits überwundenen Anlagen in uns gelegt und ‚eingeschmuggelt' hatten, wiederum versuchen, dahingehend aktiv werden.

„Denn es werden sich erheben falsche Christi, und solche Propheten, die Zeichen und Wunder thun, daß sie auch die Auserwählten verführen, so es möglich wäre" [55]

Seien und bleiben Sie daher immer wachsam und aktiv. Betrachten Sie immer wieder Ihr Tun, Denken und Handeln, wie das eines Ihnen völlig Fremden und lassen Sie niemals mehr zu, dass sich der Egoismus, die Selbstbesessenheit und die Gefühle des ‚selbstempfunden Gutmenschen' wieder in Ihnen einnisten können. Lassen Sie uns noch einmal das Zitat am Beginn dieses Kapitels betrachten:

---

[55] Die Bibel, Neues Testament, nach der Übersetzung von Dr. Martin Luther, Verlag Canstein Halle/Saale, Ausgabe 1890 – Marcus 13,22

„Güte vergelte ich mit Güte, Feindschaft mit Gerechtigkeit" *Antoine de Saint-Exupéry*

Welche Bedeutung könnte dieses für unseren Alltag besitzen? Worin könnte der Sinn für uns in unserem alltäglichen Leben bestehen?

Was meinen Sie?

Vielleicht ist es Ihnen schon einmal vorgekommen, dass jemand Ihre Güte mit ‚Schwachsein', ‚Dummheit' oder ‚Schwäche' verwechselt hat, oder dass sie jemand zum Beispiel unter Verweis auf ein Bibelzitat, wie „...liebet Eure Feinde..." [56] zu etwas, zumindest moralisch, nötigen wollte oder sogar versucht hat, Sie zu demütigen? Jemand irgendwelche ‚Schuldgefühle' unberechtigterweise in Ihnen wecken oder auch aufrechterhalten wollte? Seien Sie sich gewiss, dass der Ausspruch ‚liebet Eure Feinde' genau dies meint, was uns soeben noch einmal in dem Zitat von Antoine de Saint-Exupéry begegnet ist. Gerade indem ich GERECHT gegen meine Feinde bin, bringe ich die Liebe zu allen Geschöpfen Gottes, und so auch gegenüber denjenigen Wesen, welche sich feindselig gegenüber mir verhalten, zum Ausdruck. Feinseligkeit vergelte ich NICHT mit Güte, wie mir das diese manipulierenden Wesen weismachen wollen, sondern mit GERECHTIGKEIT

„Die Demut des Herzens verlangt nicht, dass du dich demütigen, sondern dass du dich öffnen sollst..." Antoine de Saint-Exupéry

[56] Die Bibel – Neues Testament, Matthäus 5, 44

Was macht jetzt jedoch die WAHRE Güte aus? BUDDHA fasst und erklärt diesen Begriff sinngemäß mit wenigen und einprägsamen Worten:

Die WAHRE Güte ist eine Form des SELBSTLOSEN ERKENNENS, und dabei völlig FREI VON EGOISMUS.

Die Menschen, die bereit sind mit jeder Faser ihres ICH-SELBST **DIESE** ERKENNTIS zu erringen und diese Wahrheit als die einzige Option ihres gesamten Daseins jeden Tag, jede Stunde und jeden Atemzug hier auf dieser Erde zu leben, werden sich auf die uns vorbestimmte Ebene ihres Wesens erheben können. Auf eine Ebene möglicherweise, welche ÜBER den in unsere Vorstellungswelt projizierten Begriffen und Vorstellungen von ‚Himmel' und ‚Hölle' steht.
Diese Menschen wären somit nicht mehr den Einflüssen und Wirkungen dieser Wesen, oder wenn man so will: ‚Mächten', unterworfen. Dies wäre dann der erste Schritt auf dem Wege zur göttlichen Bestimmung des Menschen.
Der erste Schritt zur wahren und wirklichen Freiheit des Menschen, der Menschheit und des Geistes selbst.

„Morgenröte und Auferstehung sind Synonyme. Das Wiedererscheinen des Lichtes ist der Fortdauer des Ich gleichzusetzen."
Victor Hugo

„Diese Uhr geht nach dem Mond“
Deutsches Sprichwort

Der Tag richtet sich nach der Sonne, der Monat nach dem Mond?

Wem ist das obige Sprichwort nicht schon einmal in seinem bisherigen Leben begegnet. Aber was soll es wohl in seinem ursprünglichen Gebrauch und ursprünglichen Sinn zum Ausdruck bringen? Nun, zunächst einmal und oberflächlich betrachtet haben wir die etwas umschriebene Aussage, dass diese Uhr dort eine ZEIT anzeigt, welche, zumindest nach unseren bisherigen sinnlich-materialistischen Erfahrungen, aktuell nicht sein kann. Dies scheint uns so geläufig, dass es sich scheinbar überhaupt nicht lohnt, auch nur noch etwas länger darüber nachzudenken.

Aber ist dies wirklich so?

Wir müssen uns absolut klar darüber werden und sein, dass wir diese Aussage NUR und AUSSCHLIESSLICH im Bezug zu der uns umgebenden sinnlich-materialistischen, also der von uns scheinbar erkannten Welt treffen können und bisher ausschließlich getroffen haben.

Wie wir jedoch schon im Kapitel ‚Über die Scheinwelt um uns oder alles ist Maya‘ gemeinsam erfahren haben, variiert unsere scheinbare ‚Erkenntnis‘ der uns umgebenden ‚Scheinwelt‘ mit dem Bezug oder dem Kontext in dem unsere sinnlichen Wahrnehmungen erfolgen oder auch gestellt werden. Wenn wir dort nur und ausschließlich den Tacho selbst betrachtet haben, war uns unser ‚Gefühl‘ für ein schnelles oder langsames Fahren mit unserem Auto völlig abhanden gekommen.

Dies alles klingt vielleicht zunächst einmal etwas kompliziert, muss es jedoch nicht für uns bleiben. ;-)
Wir wollen daher versuchen, uns dem Verständnis dieser Aussage an Hand einfach nachzuvollziehender Beispiele zu nähern.

Als erstes wollen wir gemeinsam einen Patienten betrachten, welcher zum Beispiel infolge einer Erkrankung oder infolge eines Unfalles in ein (künstliches) Koma versetzt wurde.
Vereinfacht gesprochen ist dieser Koma-Patient derzeit seiner uns so geläufigen sechs Sinne beraubt. Er wäre somit, und zumindest der allgemeinen Auffassung folgend, nicht mehr in der Lage, Dinge dieser sinnlich-materialistischen Scheinwelt um sich herum BEWUSST wahrzunehmen.

Wir schlussfolgern dies aus der für uns absolut ‚klaren Tatsache', dass er im Moment nicht so reagiert oder reagieren kann, wie wir es in der, ach so geläufigen, Welt unserer sechs Sinne von ihm erwarten würden. Darüber hinaus scheint er auch der ‚Stimme' beraubt zu sein. Die Betrachtung darüber, ob diese zwei Aussagen tatsächlich so sind, müssen wir an dieser Stelle, zuerst einmal und, unter Verweis auf eine spätere Betrachtung, zum Beispiel in einem weiterführenden Buch von John R. McCollins, (noch) etwas zurückstellen.

Wenn dieser Koma-Patient jetzt unvermittelt nach einem für uns langen Zeitraum ‚das Bewusstsein wiedererlangt', wie wir das im allgemeinen Sprachgebrauch so zu bezeichnen gewohnt sind, hat er im ‚Aufwachen' keinen Zeitbezug (möglicherweise sogar nicht einmal einen Raumbezug) mehr zu unserer sinnlich-materialistischen Sinneswelt. Ihm ist sinnlich-materialistisch betrachtet nicht BEWUSST, welchen Tag, welche Uhrzeit und vielleicht sogar, welches Jahr ‚wir haben'. Möglicherweise weiß er sogar nicht einmal, wo er sich gerade befindet.

So einfach dieses Beispiel auch zu sein scheint; beim Aufwachen unseres göttlichen ICH in uns selbst, also beim ‚Wiedererscheinen des Lichtes' also genau dann, wenn unser bisheriger Schlaf mit offenen Augen, möglicherweise sogar unvermittelt, für uns endet, müssen wir ebenfalls erst lernen, uns in dieser ‚wieder erschienenen' und scheinbar für uns so neuen (weil höheren) Welt (wieder) zurecht zu finden.

„Wer durch die Dinge hindurch den göttlichen Knoten zu berühren vermag, der sie verknüpft, verfügt nicht ständig über diese Fähigkeit. Die Seele ist voller Schlaf. Die ungeübte Seele ist es noch mehr.“
Antoine de Saint-Exupéry

Dies gilt jedoch auch schon für einen kranken Menschen, welcher im Bett liegt und immer wieder vor Schwäche einschläft. Ohne Uhr hat er keinen Bezug zu der ihn umgebenden ‚Scheinwelt'. Er hat sich vollständig davon abgekoppelt. Wir müssen uns jedoch ebenso absolut klar darüber sein, dass sich an seiner Selbstempfindung, also an der Empfindung seines ICH-SELBST, NIEMALS etwas verändert hat. Wenn dieser Mensch, egal ob aus einem Koma oder aus der Schwäche einer Krankheit heraus, aufwacht, ist sein ICH-Empfinden immer dasselbe, wie vorher. [57] Oder Genauer gesagt

---

[57] Ausgenommen Erkrankungen, welche mit einem vollständigen oder teilweisen ‚Gedächtnisverlust' (zum Beispiel ‚Retrograde Amnesie') einhergehen

seine Aussage ‚ICH BIN' ist IMMER eine WAHRE Aussage für ihn geblieben.

Lassen Sie uns jetzt jedoch noch einmal zu der mit der Überschrift getroffenen Frage: ‚Der Tag richtet sich nach der Sonne, der Monat nach dem Mond?' zurückkehren. Der erste Teil ist den meisten von uns so geläufig, dass wir meist nicht einmal mehr darüber nachdenken, was dieses für uns in unserem ‚Alltag' bedeutet. Der Tag, also die Tageszeit, hängt für uns in der Regel so mit dem täglichen ‚Lauf' der Sonne zusammen. Probleme entstehen aber bereits schon immer dann, wenn sehr große Länder und Staaten sich über mehrere Zeitzonen erstrecken. So geht zum Beispiel an der Ostküste der USA die Sonne jeden Tag mehrere Stunden früher auf, als dies in demselben Land – USA – an der Westküste der Fall ist. Um diesem Dilemma etwas zu entgehen hat man die künstliche ‚Zeitbasis' UTC [58] geschaffen. Jede Zeitzone kann jetzt mit UTC Plus oder Minus so und soviel Stunden beschrieben werden. Basis ist somit eine Bezugsgröße, welche auf der gesamten ‚sinnlich-materialistischen' Welt gleich definiert ist.

Wenn also, wie in dem Sprichwort am Beginn dieses Kapitels, eine Uhr ‚nach dem Mond' geht, ist dies zumindest erst einmal auch eine Umschreibung dafür, dass das dieser Zeit zugrunde liegende Ordnungsprinzip ‚auf den Kopf gestellt' worden ist.
Bei den Mondphasen, also ‚Neumond', ‚zunehmender Mond', ‚Vollmond' und ‚abnehmender Mond' ist dies schon etwas komplizierter. Unser Kalender an sich richtet sich, zumindest aus

---

[58] UTC – einheitliche und auf der ganzen Welt gültige Zeitbasis, UTC = Universal Coordinated Time (koordinierte Weltzeit)

unseren bisherigen ‚sinnlich-materialistischen' Prägungen heraus betrachtet, nach der Umlaufzeit der Erde um die Sonne von ungefähr einem Jahr. Allerdings spielt auch der Bezug zu unserem Erdtrabanten, dem Mond, eine wichtige Rolle für uns. So wandern die Mondphasen mehr oder weniger durch die einzelnen Monate hindurch. So ist zum Beispiel im Jahr 2024 am elften Januar ‚Neumond'. Dieses Datum für den ‚Neumond' schiebt sich jedoch im Verlaufe des Jahres immer weiter nach vorn und liegt so im November bereits auf dem ersten des Monats. Schauen Sie sich zum Beispiel einmal in einem Buchladen etwas um. Die große Anzahl an ‚Mondkalendern' sollte uns vielleicht doch etwas nachdenklich dazu machen, den Jahresverlauf AUSSCHLIESSLICH aus dem Umlauf der Erde um die Sonne definieren zu wollen.

Die Kenntnis der jeweiligen Mondphasen ist jedoch für uns auch noch aus einem weiteren und sehr wichtigen Grund von enormer Bedeutung.
So sollten Sie einen Tag VOR bis einen Tag NACH Neumond (also immer dann, wenn der Mond sich im Erdschatten befindet und so für uns als Betrachter von der Erde aus nicht sichtbar ist) und zwischen dem 24.12. und 07.01. eines jeden Jahreswechsels bitte alle Ihre Aktivitäten auf dem Weg zur Liebe und zum wahren Licht ruhen lassen. Bitte nehmen Sie diesen Rat an dieser Stelle an. Die Hintergründe und Dinge, die hinter dieser Bitte stehen, können sich Ihnen jedoch erst dann offenbaren, wenn Sie auch vollständig dazu bereit sind. Denken Sie bitte an das ‚Gleichnis von den Streichhölzern in Kinderhand'

Vielleicht besorgen Sie sich einen Wandkalender für Ihr Büro oder ihre Küche, in dem die Mondphasen verzeichnet sind. Es wäre vielleicht hilfreich, sich die Tage, in denen wir alle unsere Aktivitäten besser ruhen sollten, vielleicht mit einem ‚Leuchtmarker' anzustreichen. Leuchtendes Gelb wäre doch eine schöne Farbe dafür. Finden Sie nicht auch? :-)

The ‚Self-fullfilling prophecy' – die selbsterfüllende Prophezeiung

Unter einer selbsterfüllende Prophezeiung, oder besser unter einer sich selbst und scheinbar ohne jede weitere Einwirkung von außen selbst erfüllenden Ursache-Folge-Kette (Kausalität), versteht man heutzutage im Allgemeinen, dass Dinge oder Vorgänge so geschehen, wie dies von jemandem vorausgesagt wurde. Derjenige muss dabei noch nicht einmal ein ‚Prophet' im althergebrachten Sinne sein. Meist genügt dazu nicht mehr, als etwas Abstand zu dem Vorgang selbst, etwas Überblick und etwas ‚gesunder Menschenverstand', um diese Wirkungskette ganz einfach und in aller Klarheit zu erkennen.

Der absolute ‚Witz' an der Sache ist jedoch, dass die davon unmittelbar Betroffenen dies absolut, und meist aus Mangel an Erkenntnis zu den hier wirkenden Vorgängen, selbst bis unmittelbar vor dem Eintritt der Erscheinung nicht wahrhaben wollen. Äußerungen, wie zum Beispiel: ‚...das kann ich nicht glauben' oder einfacher noch: ‚...das glaube ich nicht' oder noch einfacher: ‚...das kann mir keiner erzählen' sind meist ein beredtes Beispiel hiervon.

Dass es sich dabei absolut um keine neue Erscheinung handeln kann, lässt sich leicht an Hand von historischen Begebenheiten und historischen Überlieferungen nachweisen. So zum Beispiel der in vielen Sprachen geläufige Ausspruch: **„Hüte Dich vor den Iden des März",** [59] welcher Gaius Julius Caesar vor seiner Ermordung am 15. März im Jahre 44 vor Christus warnen sollte.

---

[59] Die ‚Iden des März' bezeichnen in diesem Fall den 15. März des Jahres 44 vor Christus

Julius Caesar ging jedoch (möglicherweise auch aus einer sich bereits anbahnenden Krankheit heraus) zur Senatssitzung und wurde auf dem Weg dorthin, gemäß der Prophezeiung, ermordet. Möglicherweise kann man somit von einer wissentlichen ‚Selbstopferung' im Sinne eines zum Beispiel aus dem Ego heraus veranlassten Wunsches zu einer ‚glorreichen' Nachwelt-Geschichtsschreibung sprechen.
Sollte Julius Caesar tatsächlich, wie von einigen Forschern behauptet, an einer unheilbaren Krankheit gelitten haben, wäre dieser Wunsch durchaus und zumindest aus Sicht einer solchen, sicher auf Macht, Glorie und vor allem auf sein EGO gerichteten Persönlichkeit heraus, verständlich.

Auch an diesem einfachen Beispiel wird uns wieder einmal klar, dass uns unsere, möglicherweise beschränkte, Sicht auf solche Vorgänge, zu Fehlurteilen verleiten kann. Darauf werden wir noch, zum Beispiel in einem weiterführenden Buch von John R. McCollins, zurückkommen. Bis dahin ist es sicher kein schlechter Ratschlag, sich stets davor zu hüten, voreilige Wertungen über andere Menschen und Wesen, ohne vorherige und gründliche Prüfung, zu treffen.

Lassen Sie uns jetzt jedoch wieder zu unserer, mit der Überschrift getroffene, Kernthematik zurückkehren.
Fehlt es dem jeweils Betroffenen an jeglichem Verständnis zu diesen Vorgängen und ist er somit noch fast vollständig im Dunkel seines Tages gefangen, leugnet er die tatsächlich vorhandenen Zusammenhänge selbst dann noch, wenn das Ereignis mit all seinen für ihn negativen Folgen bereits eingetreten ist. Da er sich selbst in seinem Erkenntnisprozess ‚im Wege steht' ist es ihm auch

nicht möglich, den für außenstehende Menschen so offensichtlichen Urheber dieser für ihn negativen Folgen zu erkennen.

Meist sind diese Urheber sogar die ‚Psychos' dieser Welt. Diejenigen Wesen, die ihm weismachen wollen, dass andere Personen oder andere Wesen als scheinbare Verursacher dieser von ihnen selbst initiierten Dinge wirksam wären. Ihm weismachen wollen, dass nicht sie diese veranlassen würden oder veranlasst hätten. Nicht sie es sind, die diese Lüge so geschickt im ‚Denken' dieser Menschen implantiert haben, dass sie bereits in deren Vorstellungswelt präsent geworden ist. Meist werden hierzu sogar Bild-, oder Video-‚Dokumente' gezeigt, welche diese Aussagen manifestieren sollen. So hatten zum Beispiel vor einigen Jahren die Medien über eine angebliche oder tatsächliche vorübergehende Rattenplage in den Abwasserschächten größerer Städte berichtet. Sofort fanden sich Unternehmen, die diesem, nunmehr verunsicherten, Publikum die entsprechenden Lösungen gegen diese vermeintliche Rattenplage anboten. So wurden dort unter anderem auch Filmaufnahmen einer Toilette gezeigt. Einer Toilette, deren Deckel plötzlich von einer scheinbar aus dem Toilettenbecken kommenden Ratte angehoben wurde, so dass die Ratte in das vermeintliche Badezimmer klettern konnte. Es waren absolut perfekte Aufnahmen. Nicht verwackelt. Gut ausgeleuchtet und mittig im Bildausschnitt platziert. Aufnahmen mit einer professionellen Kamera auf einem professionellen Stativ gemacht. Die Idee, dass es sich hierbei vielleicht auch einfach nur um Studioaufnahmen mit einer dressierten Ratte handeln könnte, kam damals scheinbar den wenigsten Zuschauern. Die mediale

Vorbereitung hatte den Weg für diese möglicherweise inszenierte bildliche Illusion, diesen ‚Fake', geebnet.
Seien sie sich jedoch immer gewiss; wer die Aufnahmen oder auch Videos von solchen außergewöhnlichen Ereignissen besitzt, ist auch mit hoher Wahrscheinlichkeit der Verursacher selbst oder zumindest ein Nutznießer, Helfer oder Helfershelfer dieser Aktion.
Wer schon einmal in seinem Garten versucht hat, zum Beispiel einen Vogel oder einen Schmetterling auf einer bestimmten Pflanze zu fotografieren und dazu eine Kamera mit Stativ aufgebaut hatte, der weiß, dass es fast unmöglich ist, zur ‚richtigen Zeit am richtigen Ort' für die geplanten Aufnahmen zu sein. Tierfotografen benötigen ja nicht umsonst so viele Tage, ja meist sogar Wochen dafür, um die gesuchten Aufnahmen ‚in den Kasten zu bekommen'. Man kann ja schließlich nicht wissen, wann sich der Vogel oder der Schmetterling gerade auf DIESER Pflanze niederlassen wird. Und genau so ist es auch bei diesen Ereignissen, welche oft so professionell in perfekte Aufnahmen umgesetzt werden.
Denken Sie doch einmal kurz darüber nach, woher wohl der Kameramann wissen kann, dass genau zu diesem Zeitpunkt und an diesem konkreten Ort dieses so außergewöhnliche Ereignis eintreten wird. Auf unser Beispiel bezogen: dass die Ratte GENAU JETZT den Deckel heben und in DIESES ‚Bad' klettern wird.
Allzu viele Antworten gibt es hierzu wohl nicht. ;-)
Diese Vorgänge haben wir bereits im ersten Buch ‚Der Weg zur Liebe und zum wahren Licht' kennen gelernt. Folgt man der Auffassung der Psychologen, verstehen diese ‚Psychos' dabei nicht einmal selbst, warum ihnen diese Lügen so einfach und ‚willfährig abgekauft' werden.

Der Schlüssel hierzu ist wahrscheinlich einfacher, als man im Allgemeinen annimmt. Diese Psychopathen haben ihre Absichten so verinnerlicht, also so zu ihrem WESEN selbst gemacht, dass sie SELBST an diese Lügen zu glauben beginnen. Diese Wesen leben ihre Lügen selbst, mehr noch, diese Wesen SIND IHRE PERSONIFIZIERTE LÜGE SELBST GEWORDEN.

„Ein Mensch ohne Aufrichtigkeit ist ein Gefährt ohne Achsen, unbeweglich und unverwendbar.“ Konfuzius

Diese Wesen erscheinen somit dem unbefangenen und nicht kritisch hinterfragenden Betrachter, als ‚pseudo-authentisch‘.[60] Es sind somit Tür und Tor geöffnet, um die, in diesen noch ‚mit offenen Augen schlafenden Menschen‘ unentwickelte ‚Güte‘ in perverse Kanäle umzuleiten.[61]

„Niemand erblickt ein Übel und wählt es dennoch; sondern man wird von ihm geködert, als sei es ein Gut, und lässt sich von dem Übel, das größer ist als das Gut, einfangen.“ Epikur

Auf dieser oder einer ähnlichen ‚Masche‘ reisen übrigens auch die sogenannten ‚Heiratsschwindler‘. Der so manipulierte Mensch ist dabei immer komplett in dieser in ihn ‚projizierten‘ Wahnvorstellung befangen, so dass alle sachlichen Argumente für ihn scheinbar nicht mehr als ‚Hirngespinste‘ gelten. Solche

---

[60] ‚pseudo-authentisch‘ meint hier in etwa: ‚scheinbar echt‘ - also eine als geschickte Illusion getarnte Lüge

[61] Siehe auch das Kapitel ‚Vom selbstempfundenen Gutmenschen‘ des ersten Buches ‚Der Weg zur Liebe und zum wahren Licht‘ des Autors

Äußerungen, wie: „...aber ich habe das doch selber gesehen..." sind oft ein beredtes Bespiel hierfür. Der Weg zur Erkenntnis dieser Dinge und eben auch der Weg zur Selbsterkenntnis wurden ihm so durch die in ihm errichteten ‚Denkbarrieren' oder auch die in seinem Inneren errichteten ‚Mauern' komplett versperrt. Ohne Anstoß von außen und die gleichzeitige Bereitschaft in ihm selbst, sich davon frei machen zu wollen, ist es nur sehr schwer möglich, diesen Menschen aus dieser ‚Wahn-Welt' innerhalb der um ihn errichteten ‚Friedhofsmauern' zu erlösen und ihm die Wege aufzuzeigen, diese hohen Gefängnismauern aus eigener Kraft einzureißen.
Diese Menschen laufen so, bildlich gesprochen, der auf sie bereits zurollenden Tsunamiwelle sogar noch entgegen. Rennen also, wie der Volksmund dies so treffend zu beschreiben weiß, ‚blind in ihr Verderben', oder vielleicht noch treffender ausgedrückt, diese Menschen ‚laufen sehenden Auges auf den Abgrund zu'. Der einfachste und wichtigste Ansatz zur Herauslösung der so manipulierten Menschen aus diesen ‚Denkfallen' sind solche Fragestellungen, wie:

- Was wäre, nur einmal ganz hypothetisch angenommen, wenn diese angeblichen ‚Wohltäter' nicht das wären, wofür man sie halten soll?
- Was wäre, wenn diese Wesen oder ihre Helfershelfer vielleicht selbst diese Dinge initiierte hätten?
- Woher haben diese Personen so perfekte Fotos oder Filmaufnahmen von diesen Vorgängen? Es ist wohl mehr als unwahrscheinlich, dass zum Beispiel die Ratte vorher ‚Einladungen' mit dem genauen Ort und dem genauen Datum ihres ‚Erscheinens' für die geplanten Filmaufnahmen verschickt hätte. ;-)

*„Wenn man argwöhnt, dass einer lüge,
stelle man sich gläubig: da wird er dreist,
lügt stärker und ist entlarvt.“
Arthur Schopenhauer*

Die wohl bekannteste, weil wohl auch am umfassendsten wirkende, selbsterfüllende Prophezeiung ist jedoch die nachfolgende:

*„Gottes Mühlen mahlen langsam, mahlen aber
furchtbar klein.“
Deutsches Sprichwort*

Denn auch dies ist tatsächlich eine selbsterfüllende Prophezeiung an alle, die bisher Böses getan haben und nicht bereit sind, diesen Weg zu verlassen. Am Ende unseres Daseins als Menschen oder Wesen auf dieser Erde kommt für jeden der Tag aller Tage. Der Tag, an dem sein Wirken und Handeln während seiner Zeit auf dieser Erde für ihn bewertet wird. Bewertet wird von einem höheren Richter, der bis in die Herzen und in die Seele jedes einzelnen schauen wird. Nichts bleibt diesem Richter dabei verborgen.

*„Alles, auch das Allerkleinste wird offenbar;
alles, auch das Verborgenste,
ob früher, ob später – es wird alles bekannt werden.“
Konfuzius*

Dritter Teil

Bis zu den golden leuchtenden Toren

Auf dem Weg zur Bestimmung des Menschen und der Menschheit

Wie wir bereits aus dem Kapitel: **‚Über die Scheinwelt um uns oder alles ist Maya'** wissen, ist diese Scheinwelt, unsere ausschließlich ‚sinnlich-materialistisch' erkennbare Welt, nichts weiter als ‚Maya'. Eine Illusion. Eine geschickt in die Köpfe der Menschen implantierte Scheinwelt, die auch nur einer kruden Scheinlogik folgen kann. Die Grenzen dieser Scheinwelt sind dabei wie hohe Mauern, die die darin eingeschlossenen Menschen, wie in einer Todeszelle, einpferchen. Auch wenn diese hohen Mauern für uns, zumindest mit unseren bisherigen menschlichen Sinnen, nicht unmittelbar erkennbar zu sein scheinen, sind diese doch tatsächlich für die ‚unerlösten' oder ‚unerlösbaren' Menschen und Wesen, virtuell [62] zwar, aber durchaus den Aufstieg zur Erkenntnis hindernd, existent.

Diese hohen Mauern sind und werden dabei IN UNS SELBST errichtet. Es sind die Grenzen oder auch ‚Denkbarrieren', welche unser ICH-SELBST daran hindern (oder auch hindern sollen), die WAHRHEIT oder auch die WAHRE REALITÄT zu erkennen. Diese ERKENNTNIS (also das Überwinden dieser künstlich errichteten Erkenntnisgrenzen) ist jedoch für uns (derzeit) der einzige Weg, um zur Liebe und zum wahren Licht zu gelangen.

DER SCHLÜSSEL ZU UNSERER BESTIMMUNG RUHT DAHER IN UNS SELBST.

---

[62] ‚virtuell' hat hier die gleiche Bedeutung, wie zum Beispiel im Begriff ‚virtuelle Realität' – genau genommen auch ein Widerspruch in sich selbst, denn etwas ‚scheinbares' oder ‚künstliches' und ‚unwahres' kann zwar eine ERSCHEINUNG an sich sein, mit ‚Wahrheit' oder ‚Realität' hat dies aber nur wenig zu tun

Diese hohen Mauern sollen dabei auch den darin Eingeschlossenen jeglichen Blick auf die wahre und hinter diesen Mauern geschickt und BEWUSST verborgene höhere Welt versperren und verwehren. Diese Absperrung ist somit die notwendige Voraussetzung dafür, die Illusion dieser Scheinwelt auch weiterhin für möglichst viele Menschen aufrechterhalten zu können. Die darin eingeschlossenen Seelen sollen somit am vorbestimmten Aufstieg in die höheren Welten gehindert werden.

„Dein großer Irrtum liegt darin, dass du an die Dauer eines Menschenlebens glaubst. Denn die Frage lautet vor allem, auf wen oder was überträgt sich der Mensch, wenn er stirbt?"

Antoine de Saint-Exupéry

Je mehr Menschen jedoch den ‚Schlaf mit offenen Augen', in dem ihre Seele und ihr Geist bisher gefangen lagen, beenden, desto mehr offenbart sich Ihnen auch von der WAHREN Gesamtwelt und von der tatsächlichen Bestimmung des Menschen und der Menschheit.

Die wichtigste Erkenntnis, die der Suchende im Geviert dieser umschlossenen Todeszelle gewinnen kann ist jedoch zuerst einmal die, dass die golden leuchtenden Tore in der Mauer dieser künstlich geschaffenen Welt, KEIN Ausgang sind, wie manche glauben, zu ‚Himmel' und ‚Hölle'.

„Hölle ist nichts als ein Wesen. Was hier das Wesen der Leute ist, das bleibt ihr Wesen in Ewigkeit, so wie sie drin gefunden werden."

Meister Eckhart

Es handelt sich hierbei zwar tatsächlich und in der grundlegenden Bedeutung dieses Wortes um einen Ausgang, aber um einen Ausgang, welcher den **EINGANG** in die wahre und reale und uns als Menschen bestimmte Welt darstellt. Der EINGANG in die uns außerhalb dieser künstlich geschaffenen Mauern umgebenden GESAMTWELT. Der Gesamtwelt um uns, die dem Menschen wahrhaftig bestimmt ist. Und um diesen letzten Gedanken noch einmal ganz klar auf den Punkt zu bringen: DIE HÖHERE GESAMTWELT IST DIE WAHRE UND WAHRHAFTIGE **BESTIMMUNG** DES MENSCHEN und jenseits jeglicher Virtualität.
Nur dem, der reinen Herzens ist und an die reale Existenz der geistigen Welten glaubt, ja mehr noch, der sich mit jeder Faser seines Wesens nach dieser geistigen Welt hingezogen fühlt und danach lechzt, für den es kein anderes Streben, keine anderen Wünsche mehr gibt, dem werden sich diese Tore bereitwillig und weit öffnen, wenn er sie erreicht hat.

Der Glaube, die Liebe und die Hoffnung sind der Weg dahin.

„Wahrlich, ich sage euch, so ihr Glauben habt und nicht zweifelt so ihr werdet sagen zu diesem Berge: Hebe dich auf, und wirf dich in's Meer! so wird es geschehen"
Die Bibel – Matthäus 21,21 [63]

[63] Die Bibel, Neues Testament, nach der Übersetzung von Dr. Martin Luther, Verlag Canstein Halle/Saale, Ausgabe 1890 – Matthäus 21,21

Welche Bedeutung hat jetzt aber das obige Bibelzitat in unsere heutige Zeit übertragen und für uns als Suchende? Vielleicht haben Sie schon einmal bemerkt, dass wir als Menschen nur EINEN Gedanken BEWUSST denken können. In der Zeitspanne, in der Sie zum Beispiel versuchen, die Mathematikaufgabe:
356,19 Minus 86,87 = ?
zu lösen, ist es Ihnen nicht möglich **GLEICHZEITIG**, zum Beispiel auch darüber nachzudenken, ob in dem Wort:
‚Dampfschifffahrtskapitän' oder
‚Kartoffelpuffer' mehr Buchstaben ‚f' vorhanden sind. Immer, wenn Sie Ihre Aufmerksamkeit der zweiten Aufgabenstellung zuwenden, kommen Ihre Gedanken zur Lösung der ersten Aufgabe zum Erliegen. Was sind das für Vorgänge, die dem einen vielleicht schon etwas mehr, als dem anderen bewusst geworden sind?
Es ist unser ICH-SELBST, also die Selbstwahrnehmung unseres ICH in uns selbst, die dieses Denken ermöglicht und gleichzeitig auch Träger dieses Denkens ist. Das ICH-SELBST ist es, was denkt und das von uns Gedachte wird unter einer sehr einfachen Voraussetzung, welche uns jedoch derzeit noch so schwer erreichbar scheint, WIRLICHKEIT oder eben REALITÄT.
Wenn der Gedanke und der Glaube daran, dass diese von uns mit jeder Faser unseres ICH gewollte Veränderung BEREITS EXISTIERT, so stark in uns ist, dass es keine andere Option mehr für uns gibt, dann werden alle die Dinge, welche eben noch unerreichbar zu sein schienen, tatsächlich geschehen.
In dem Gleichnis (Die Bibel – Matthäus 21,21) steht der Berg auf und stürzt sich in das Meer, wenn wir es durch unseren unerschütterlichen Glauben daran zur REALITÄT machen.

„Was heute Utopie ist, wird morgen von Fleisch und Blut sein.“
Victor Hugo

Beachten Sie jedoch auch immer, dass es nicht nur ausreichend ist, dies mit jeder Faser unseres ICH-Selbst zu wollen. Wir müssen stets auch DANKBAR dafür sein. Dankbar für die Dinge, die uns so gegeben werden und dankbar dafür, dass unsere Wünsche so ‚erhört‘ werden. Im ersten Buch haben wir bereits im Kapitel ‚Von der Angst und dem Wörtchen Nicht‘ gelernt, dass das Universum das Wörtchen ‚Nicht‘ eben niemals hören kann. So war zum Beispiel an die Stelle der Formulierung ‚Ich will NICHT krank werden‘ eine solche, wie ‚Ich bin und bleibe gesund‘ getreten. Die Dankbarkeit dafür, haben wir bereits damals schon ganz tief in unserem Herzen gespürt. Je weiter wir jedoch auf unserem Weg zur Liebe, zum wahren Licht und zur Erkenntnis voranschreiten, desto umfassender werden auch unsere Möglichkeiten, einen guten Einfluss auf alle Dinge und Prozesse um uns herum auszuüben. Um diesen Weg jedoch auch weiter sicher beschreiten zu können, ist es von enormer Wichtigkeit für uns zu lernen, diese Dankbarkeit auch nach außen zu zeigen. Dies bewahrt uns auch weiterhin davor, in den Egoismus oder in den ‚Selbstempfundenen Gutmenschen‘ abzuirren. Denn NICHT ICH habe diesen Wunsch VOLLBRACHT, sondern das UNIVERSUM selbst hat diesen, MEINEN Wunsch GEFORMT. Und so ist es sicher keine schlechte Idee, unsere Dankbarkeit auch künftig in unseren Wünschen direkt zum Ausdruck zu bringen. Auf unser obiges Beispiel angewendet, wäre so zum Beispiel eine Formulierung, wie: ‚Ich bin dankbar dafür, gesund zu sein und gesund zu bleiben‘ ein guter Anfang. Finden Sie nicht auch. :-)

Um uns, die wir uns noch wie tastende Kinder auf diesem neuen Erkenntnisweg vorsichtig und unsicher zu bewegen beginnen, vor Schaden zu bewahren, hat das Universum gewisse ‚Schutzmechanismen' erschaffen.
Unser fest entschlossenes Wollen (unser Wille) und der unerschütterliche Glaube in uns, dass das ‚Gewollte' bereits existent oder geschehen ist, muss über einen bestimmten Zeitraum in uns als einzige Option nicht nur aufrechterhalten, sondern allesbestimmend sein. Je größer und umfassender das ‚Gewollte' dabei ist, desto länger muss der Wille dazu in uns allesbestimmend sein.

„Jedes starke Bild wird Wirklichkeit"
Antoine de Saint-Exupéry

Je größer die Aufgabe, desto länger die dafür festgesetzte ‚Zeitspanne' des ‚Wollens'. Wenn Sie nur einen kurzen Moment ‚wankend' werden, fällt alles auf ‚Anfang' zurück.

Verschieden sind die Wege,
gleich jedoch das Ziel auf dem Gipfel,
den es zu erklimmen gilt.
John R. McCollins

Ich freue mich auf Sie an unserem
GEMEINSAMEN Treffpunkt. ⧖

Anhang (Erläuterungen):

Meister Eckhart ca. 1260 bis 1327 anno Domini:

Vermutlich um 1260 a.D. in Hochheim bei Gotha (Thüringen) geboren. War unter anderem Prior des Dominikanerordens in Erfurt, Vikar in Thüringen, Provinzialprior von Sachsen, Magister und Professor der Theologie in Straßburg.

1326 leitete der Kölner Bischoff (von Ochsenstein) den Inquisitionsprozess gegen ihn ein. Noch vor Eintreffen der päpstlichen Bulle (ca. 1329) verstarb Meister Eckhart im Jahre 1327. Meister Eckhart war wohl einer der bedeutendsten deutschen Mystiker, zumindest dieser Zeitepoche.

(Quelle: Aus der Reihe: ‚Verschollene Meister der Literatur – 1. Meister Eckhart' – Karl Sehnabel (Axel Junckers Buchhandlung), Berlin 1903)

Antoine de Saint-Exupéry

Französischer Schriftsteller und Pilot – 1900 bis 1944. Bedeutende Werke: „Der kleine Prinz", das erfolgreichste Buch der Welt, „Nachtflug", „Citadelle - die Stadt in der Wüste"

Laotse

Chinesischer Philosoph, wahrscheinlich des 6. Jahrhunderts vor Christus.

Victor Hugo

Französischer Schriftsteller und Politiker – 1802 bis 1885. Bedeutende Werke: „Die Elenden", „Der Glöckner von Notre-Dame". Einige seiner Werke wurden vom Vatikan (Sitz des Oberhaupts der Katholischen Kirche) auf den „Index der verbotenen Bücher" gesetzt. Vielleicht interessant, dass dieses Verzeichnis noch bis 1966 weitergeführt wurde.

Konfuzius
Chinesischer Philosoph und Lehrmeister – vermutlich um 550 bis 480 vor Christus.
Johann Wolfgang von Goethe
Wohl einer der bedeutendsten deutschen Dichter. Darüber hinaus als Politiker und Naturforscher tätig – 1749 bis 1832. Bedeutende Werke: „Faust", „Götz von Berlichingen", jedoch auch das naturwissenschaftliche Werk über Licht, Farbe und Farbwirkung „Farbenlehre"
Epikur
Griechischer Philosoph – 341 bis ca. 270 vor Christus.
Samuel Langhorne Clemens (Mark Twain)
Amerikanischer Schriftsteller – 1835 bis 1910. Bedeutende Werke: „Die Abenteuer von Tom Sawyer und Huckleberry Finn", „Leben auf dem Mississippi"
Arthur Schopenhauer
Deutscher Philosoph und Autor – 1788 bis 1860.

Weitere Bücher von John R. McCollins

Der Weg zur Liebe und zum wahren Licht

John R. McCollins' Lichtreihe - 1. Band

ISBN Printausgabe: 978-3-759224-97-2

ISBN E-Book: 978-3-759225-80-1

Erster Band der LICHTREIHE von John R. McCollins

Dieses, von einigen Lesern und Leserinnen sogar als ‚außergewöhnlicher Ratgeber' bezeichnete Buch, versucht einen neuen und GANZHEITLICHEN, ja wahrscheinlich sogar unkonventionellen, Ansatz auf ihrem ganz persönlichen ‚Weg zur Liebe und zum wahren Licht' zu bieten. Es wendet sich dabei besonders auch an die Menschen, welche schon viele Ratgeber gelesen haben, sich aber immer noch auf der ‚Suche fühlen'.

ERGÄNZUNGSBAND zu „Der Weg zu den goldenen Toren“

John R. McCollins‘ Lichtreihe 2. Band

ISBN ERGÄNZUNGSBAND: 978-3-759228-46-8

Dieser Auszug aus der Printausgabe ist gedacht für:

- **alle *E-Book*-Lesenden, welche die Versuche mit den verschiedenen Formen des ‚Wirklichkeitsstrahls‘ selbst durchführen möchten und**
- **für alle die Lesenden der *Printausgabe,* welche ihr Buch nicht gerne ‚zerschneiden‘ möchten.**

Enthält *ausschließlich* die Kapitel zum ‚Selberbasteln‘ der beiden Modelle vom ‚Wirklichkeitsstrahl‘.

Achtung, dies ist nur ein *Auszug der Printausgabe (ca. 40 Seiten)* im Taschenbuchformat.

Bommelfutz® und das Haus der blauen Steine

Erster Teil der ‚Bommelfutz®'-Fantasy-Krimi-Reihe

ISBN Printausgabe: 978-3-759228-47-5

ISBN Ebook: 978-3-759228-48-2

Mitten in der Nacht wird Hauptkommissar Bommelfutz® zu einem weiteren scheinbaren Selbstmord gerufen. Dieses Mal hat jedoch kein für die Presse namenloser Junkie seinem Leben ein jähes Ende gesetzt. Dieses Mal scheint ALLES anders zu sein. Das 23. Opfer dieses Hochhauses ist kein namenloser Junkie mehr, sondern eine, wohl zumindest stadtbekannte, Persönlichkeit. Schon auf dem Weg zum Tatort beginnen die ersten Verwicklungen sichtbar zu werden. Ja selbst der mysteriöse Mörder von Nico R. von S. scheint immer noch in diesem Gebäudekomplex präsent zu sein. Dort präsent zu sein, um dort auf weitere Opfer zu lauern. Die Jagd nach diesem Phantom führt den Leser durch Raum und Zeit und bis in eine scheinbar weit zurück liegende Dimension. Und selbst Bommelfutz® und dieses vermeintlich körperlose Wesen scheinen sich nicht so fremd zu sein, wie es dem Leser zunächst erscheinen will...

Im Geiste das Unendliche unten
mit dem Unendlichen oben
in Berührung bringen heißt beten.
Victor Hugo